中试产业

创新策源的青白江实践与探索

中共成都市青白江区委党校　编著

四川人民出版社

图书在版编目（CIP）数据

中试产业：创新策源的青白江实践与探索／中共成都
市青白江区委党校编著. -- 成都：四川人民出版社，
2024．7. -- ISBN 978-7-220-13711-2

Ⅰ．F427．711

中国国家版本馆 CIP 数据核字第 2024974R7W 号

ZHONGSHI CHANYE CHUANGXIN CEYUAN DE QINGBAIJIANG SHIJIAN YU TANSUO

中试产业——创新策源的青白江实践与探索

中共成都市青白江区委党校　编著

责任编辑	董　玲
装帧设计	张迪茗
特约校对	王　淇
责任印制	祝　健

出版发行	四川人民出版社（成都三色路 238 号）
网　　址	http://www.scpph.com
E-mail	scrmcbs@sina.com
新浪微博	@四川人民出版社
微信公众号	四川人民出版社
发行部业务电话	（028）86361653　86361656
防盗版举报电话	（028）86361653
照　　排	四川胜翔数码印务设计有限公司
印　　刷	成都蜀通印务有限责任公司
成品尺寸	170mm×240mm
印　　张	14
字　　数	200 千
版　　次	2024 年 7 月第 1 版
印　　次	2024 年 7 月第 1 次印刷
书　　号	ISBN 978-7-220-13711-2
定　　价	68.00 元

| 序 言 |

以中试产业化为抓手
老工业基地变身"创新策源地"的探索

四川省社会科学院研究员　盛毅

2023 年 7 月，习近平总书记来川视察，着眼国家战略全局和四川省情实际，作出"在推进科技创新和科技成果转化上同时发力"的重要指示，为四川科技创新"锻长板、补短板"把脉定向，提出要"以科技创新开辟发展新领域新赛道、塑造发展新动能新优势，是大势所趋，也是高质量发展的迫切要求"。2024 年 7 月，党的二十届三中全会对深化科技体制改革作出部署，明确要求"健全新型举国体制，提升国家创新体系整体效能"。科技创新活动是具有典型"链式结构"的系统工程，中试作为该链条的中间环节，担负着将产业成熟度较低的实验室成果，转化为产业成熟度较高成果的任务。一般而言，知识性成果属于基础研究，由于公益性强，效益更多的体现为长远性，因此能够得到政府的资金支持；而进入产业成熟度较高的知识性成果，由于向商品转化的条件基本成熟，有希望在较短时间内获得经济效益，企业愿意投入。但对于中试这类环节，处在政府支持和企业投入之间的"真空"地带，政府把它看成企业应当做的事情，不愿意管得太多；而企业觉得这一环节离转化成商品的路还长，受制于盈利低和风险高，也不愿更多投入。基于上述原因，全社会在中试投入上严重不足，当前渐渐成为高质量发展的"拦路虎"。改革开放以来，中试环节缺失导致的创新链薄弱问题尚不明显，一方面是企业大量引进了国外成熟技术，绕过了中试的门槛；另一方面是有一定规模和实力的企业，为拥有自主知识产权，将中试环节纳入企业的新技术、新产品研发之中。

然而，在"高质量发展作为新时代的硬道理"的当下，在以科技创新引领现代化产业体系建设的进程中，必须高度重视"链式创新"中的结构性问题，共同支撑产业向中高端迈进，促进新质生产力加速形成。在这一阶段，如果创新活动的市场化程度不高，创新主体对产业需求缺乏积极响应，就难以对接产业发展需求，难以实现高质量发展目标。正因于此，从中央到地方政府，近年来都在大力推动工程研究中心、技术创新中心、企业技术中心、重点实验室、制造业创新中心、国家级工业设计中心、新型研发机构、创新联合体等科研平台建设，致力于推动小试、中试、试制等中间环节进入市场。尽管如此，我们还是不得不承认，这些成果转化平台，多数主体仍然不是企业，许多平台要靠政府补贴，市场化产业化程度不高。政府想打通这一环节，总有一种使不上劲的感觉。

作为本书研究对象的成都市青白江区，明确提出"坚定不移把科技创新和科技成果转化作为发展'第一动力'"，要求更加务实有效发展中试产业、更加注重促进科技成果转化、更加注重营造良好创新氛围。作为老工业基地、国家"一五"时期规划建设的西南首个工业区，青白江区曾经是成都市的化工、冶金、机械加工基地，长期为成都市工业发展挑大梁，也曾是成都市首个财政收入突破亿元大关的区（市）县。随着成都城市功能升级，青白江区与其他老工业基地一样，也面临着必须加速向现代化城区迈进的艰巨任务。在近年来探索由要素驱动向创新驱动的转型中，青白江区深刻地认识到，中试不仅是一种技术创新活动，更可以被视为一个突出创新特色、聚焦特定领域的产业现象，因此提出中试要走产业化思路，建设面向"一带一路"的国际中试产业基地，用产业发展的思维和模式来突破中试发展面临的瓶颈。通过几年努力，青白江区目前已形成"科技创新、人才培养、小试中试、产业孵化、生产制造"全链条中试产业链。青白江区的实践证明，将中试作为产业发展来谋划，是完善"技术—中试—转化—认证—市场"创新链条，创造科技成果就地转化，破解长期以来科技成果向商品转化难题的有效途径。

本书正是在总结青白江区实践探索基础上进行的有针对性研究。本书不仅回答了中试的一般特征、运行规律、在创新活动中的特定地位，也梳理了国家、四川省以及成都市关于中试的相关政策，以及国内外的实践模式等。更重要的是，本书从产业的角度分析了中试作为产业具有的特征和要素构成，立足青白江区的探索，分析了中试产业发展的路径和政策，并构建起中试产业化的理论分析框架和实践模式，揭示中试运行的内在机理和动力，找到中试产业助力创新策源的可能空间和可行路径。应当说，这本书所关注的青白江区推动中试产业化的实践，既是区域高质量发展的缩影，又为其他地区在产业发展、创新活动方面提供了可参考的方法论，还是一份贯彻习近平总书记来川视察重要指示精神、落实四川省委决策部署、落地成都市委任务要求的高分答卷，更是为中国各地优化科创体制机制。青白江区关于推进中试产业化的探索，在区域产业体系的维度上，给出了如何紧扣创新目标，发挥好企业、技术创新人群和政府的主观能动性，以生产关系的主动调试来提高劳动者、劳动资料和劳动对象的协同水平，进而促进新质生产力形成的实践样本。

首先，青白江区中试产业化的实践样本是国家产业链、创新链融合发展的实践体现。近年来，我国支持创新链建设的力度不断加大，加强科技成果转化中试基地建设，依托企业、高校、科研院所建设一批聚焦细分领域的科技成果中试、熟化基地，是推进创新驱动发展的重要任务之一。党的二十大报告再次强调，要完善科技创新体系，坚持创新在我国现代化建设全局中的核心地位，提升国家创新体系整体效能，加快实现高水平科技自立自强。为此，要围绕产业链部署创新链，围绕创新链布局产业链，聚焦解决瓶颈制约，在关键核心技术攻关上取得一系列重大成果。国家对科技创新建设提出的新要求，为推进中试产业化创造了环境。

其次，青白江区中试产业化是四川省紧扣新质生产力推进创新联合体建设的实践响应。四川省围绕构建创新链，将产业技术创新平台建设作为重点，专门出台了中试研发平台建设运行管理办法，探索"先中试、后孵化"模式。在2021年制定的"科创十条"中，明确对获批国家产业（技术）创新中心的，按国家资金支持标准给予配套。对省级产业创新中心，给予创新能力建设项目总投资额30%的资金支持，鼓励建设高水平新型研发机构和创新联合体等。四川省还提出要在科技创新和科技成果转化上同时发力，大力提升创新平台建设质效，相应布局建设中试研发平台。四川省的这些举措，无疑为中试产业化提供了有利条件。

最后，青白江区中试产业化是成都市聚焦"同时发力"推动科技成果就地转化的实践拓展。成都市委在2023年7月，出台了《中共成都市委关于坚持科技创新引领加快建设现代化产业体系的决定》，明确要重点布局一批概念验证、中试熟化、小批量试生产等面向社会开放的中试平台，开展中试平台申报备案，探索建立产业中试服务平台联盟，支持中试产业基地建设。2023年12月，成都市又在科技创新暨成果转化工作推进会上，将推进科技成果转化作为"一号工程"，明确要聚焦成果转移转化痛点难点，围绕建圈强链制定启动建设成果转化中试平台，推动科技成果就地转化，加速形成成果转化链条，着力打通成果转化"最后一公里"，进一步提高科技成果转化和产业化水平。成都市对科技创新工作尤其是中试平台的紧锣密鼓部署，也为中试产业化提供了可拓展的空间。

显然，当前围绕中试展开的服务性、支撑性产业跟踪，以及研究中试产业发展的特征、模式、运行机制、管理体制等理论议题，不仅是对青白江区建设中试产业基地、走出具有特色的"建圈强链"之路的经验总结和学理凝炼，而且为其他地区促进中试产业化、开展科技创新活动、培育新质生产力提供了鲜活经验和示范。党的二十届三中全会明确提出了"加强国家技术转移体系建设，加快布局建设一批概念验证、中试验证平台"，上述实践还将进一步深入，这也是本书的价值所在。

第一章

关于中试：从科技创新到特定产业的演进

中试是把处在试制阶段的新产品转化到生产过程的过渡性试验，是科技成果产业化的关键环节，是制造业创新体系的有机组成部分和现代化产业体系的重要支撑。[①] 中试扮演着将科技成果转化为现实生产力的关键角色，既肩负着将科学研究成果进行工业化放大试制的特殊使命，也是技术创新与市场化制造之间的重要桥梁。从科技创新的维度看，中试通过技术验证、中试熟化，有助于推动创新成果跨越"市场鸿沟"，成为推动现代化产业体系建设的重要力量；从产业体系角度看，中试在既定产业领域推动的技术与市场混合创新，有助于科技理念跨越"技术鸿沟"，成为特定区域产业结构升级的主导性力量。跨越两个"鸿沟"的创新驱动与政策激励，成为成都青白江区践行"同时发力"、培育中试产业的特定背景。本书关注的中试，是一个从科技创新理念到特定产业在特定区域的市场化拓展过程。在创新驱动背景下展开的中试探索是贯彻落实习近平总书记来川视察重要指示精神的生动体现。在探索中形成的青白江实践经验，必将在四川乃至更大区域范围的现代化产业体系建设实践中得到持续证明。

---

① 工业和信息化部、国家发展改革委印发：《制造业中试创新发展实施意见》（工信部联科〔2024〕11 号）。

| 第一节 |

中试的内涵及其发展历程

在已有的研究中，**中试**①，即中间试验的简称，是产品正式投产前的试验，指以实验室初步研发的研究成果为基础，以大规模量产为最终目标的一种风险性实验活动；**中试平台**通常指的是一个用于实验、测试和验证某些新技术、产品或服务的环境或平台；**中试基地**②是从事相关具体工作平台的总称，它是中试项目的物理载体，为入驻的中试项目提供必要的场地、能源及公用设施等基础要素支撑，通过自身资源为项目提供设备安装调试、工艺流程设计、技术咨询人才团队，并为入驻中试项目提供日常办公、检验检测、供应链等配套服务；**中试项目**是指以企业、院校、组织，或个人名义开展的，介于实验室与规模化生产之间的，试探性的验证、测试、放大、二次研发、工艺或性能优化、市场反馈。

1. 中试：原创技术和工程技术创新的耦合

工程技术创新是推动人类进步的发动机，是产业革命、经济发展、社会进步的有力杠杆，是改变世界的重要力量。工程技术创新把科学发现同产业发展联系在一起，成为经济社会发展的主要驱动力。③ 我国科技创新平台和服务主要集中在前端的研发阶段和后端的产业化阶段，中

---

① 陈德第，李轴，库桂生. 国防经济大辞典 [M]. 军事科学出版社，2001.
② 申铁男. 我国中试基地发展现状及政策建议 [J]. 科技与创新，2018 (08)：11 - 14.
③ 胡希捷，朱军，赵旭峰. 以重大工程夯实现代化强国基础 [J]. 工程研究——跨学科视野中的工程，2018，10 (04)：343 - 347.

端工程化阶段较为薄弱,从而导致科技成果转化难。如何补齐这个短板,提高原创技术成果转化率,进而推动经济社会高质量发展呢?其中就有一个很重要的环节——中试,它是原创技术和工程技术创新的耦合,能够对高校、科研院所、企业等实验室研究进行全方面工业化放大试制,有效实现科技成果产业化,打通科技成果转化的"最后一公里"。

1.1 国内外关于中试的认识

本书所涉及的中试概念,是一个较为纯粹的技术经济概念,源自技术产业化必经环节的实践探索,其基本逻辑是以工程技术为原创技术产业化创造可行的条件。其中原创技术是"因",工程技术是"径",原创技术的规模化生产是"果"。

中试是工业生产和产品开发中的关键环节,对其认识在国内外有着丰富而深入的历史和实践。国内外对中试的认识,各有其侧重点和应用领域,从不同侧面反映科技发展、产业需求、技术创新。

在国外,中试被视为一种"规模适中的试验生产"环节。规模适中就意味着中试不是一次性验证行为,而是从小批量验证到逐渐放大产品验证数量的循序渐进的过程,包括小量中试、放量中试和小批量生产。[①]20 世纪初的工业化时期,中试起源于对工艺流程和产品设计的可行性验证需求,以降低产业化实施风险,为实际生产做前期准备,包括工艺验证、工装验证、生产测试环境和工作程序验证、产品结构验证、产品数据验证、产品可靠性验证、供应链物料可采购性验证以及对研发遗留问题进行修改验证等。这个过程既不是大规模工业生产,也不同于实验室规模的试验,而是在相对真实的生产环境中进行的、旨在验证和优化各种生产过程的特殊活动。

随着工业化的发展和科技进步,国外关于中试的功能不断丰富,具

---

① 张高明,张善从. 基于全过程的高校科技成果转化能力研究 [J]. 科技管理研究,2020,40(23):92-99.

体涉及工艺验证、产品性能测试、风险评估和问题解决，以及数据采集和分析等方面。科技成果的信息不对称导致其在转化为现实生产力的过程中需要跨越理论和市场化之间的鸿沟。在这一背景下，为了避免陷入"达尔文死海"①，中试成为连接实验室成果与市场化生产环节的重要纽带。

在国内，对中试的理解也是逐渐深入的，并与国外的认知有着相似之处。国内将中试视为科技成果转化的一个复杂系统工程，包括实验室小试、中试放大以及批量生产等多个环节。在小试环节，主要从事探索、开发性的工作。中试过程要解决的问题是：如何采用工业手段、装备，完成小试的全流程，并基本达到小试的各项经济技术指标。相对小试而言，中试在规模上进行了扩大。可以说，中试是从小试实验到工业化生产必经的过渡环节。通过这个环节可以实现生产设备在小试向生产操作过程的过渡，确保按操作规程能始终生产出预定质量标准的产品。小试成熟后，通过中试可以研究工业化可行工艺，对生产设备进行选型，为后期产业化（产品化）设计提供依据。

中试环节通过技术验证、流程检测、试制放大、试销推广等流程，能够发现实验室未考虑周全的问题并及时改进，使实验室成果以最小成本转化为市场化产品，在试验过程中解决科技成果存在的信息不对称问题。因此，中试在科技成果转化中扮演着承上启下的关键角色。在特定行业中，中试有效填补了从科技成果创新到科技成果市场化的"中间空白地带"。

同时，工程技术创新伴随中试全过程。通常情况下，企业在确定一个项目前，第一步要进行试验室试验；第二步是中试生产，一般包括小量中试、放量中试和小批量中试三个阶段。其中，"小试"，是根据试验室效果进行放大生产；"中试"，是根据小试结果继续进行放大生产，小

① 达尔文死海指的是技术转化过程中的空白区，即高校和科研机构缺乏资金支持研发，企业很难从研发中获利而不愿承担创新风险。

批量中试成功后则可以量产。这一过程需要不断的工程技术创新支持。如在"小试"中将一种物料从一个容器定量地移入另一器皿，往往是举手之劳；但在"中试"中就要解决选用何种类型、何种规格、何种材质的泵，采用何种计量方式，以及所涉及的安全、环保、防腐等一系列问题，这就不是简单的放大生产了。简单复制"小试"的生产过程很难达到满意的结果，"中试"就是要通过工程技术创新、解决采用工业装置与手段生产过程中所面临的实操性问题。

当前，学界普遍认为的中试是指以实验室初步研发的研究成果为基础，以大规模量产为最终目标的一种风险性实验活动。[①] 这意味着无论是国外的概念验证，还是国内的小试环节，都涵盖在广义的中试这个环节。也就是说，广义的中试涵盖了传统的小试与中试环节，这也意味着广义的中试包括但不限于传统小量试制、中试放大等环节内容，且在此基础上还有进一步延伸。本书的中试都是以广义的中试概念进行展开的。

因此，国内外对中试的认识都是从"科技成果转化的关键环节"角度展开的，认为其"是从实验室发明到工业化生产的过渡阶段，是验证科技成果在实际应用中可行性和效果的重要环节"。中试的建设形成于科技创新和经济竞争力的大背景下，与国家科技政策和发展战略密切相关。

1.2 中试的应用领域及作用

中试作为一个连接研发和大规模生产的关键环节，通过验证和优化生产工艺，降低生产风险，提高生产效率，为大规模工业生产带来更多的可能性和机遇。中试不仅广泛应用于制药和化学领域，还作为推动技术创新和产业发展的关键步骤，在制造业、能源领域、生物技术和食品产业等多个领域中被应用。

首先，制药和化学领域的应用。在现代化产业体系中，制药和化学工

---

① 吴鹏飞，林筠. 实验室验证对技术转移影响研究：双元学习视角 [J]. 科研管理，2022，43（03）：164－172.

业是中试概念最早且最广泛应用的领域之一。狭义的中试主要包括验证合成工艺路线、使用工业级原料、确保安全生产和环境卫生等环节。广义的中试则涵盖更多内容，如物料的物理性质和化工常数的测定、工艺流程和规程的制订等。中试在制药和化学领域的应用为科技成果的产业化提供了实践基础。20世纪70年代，美国石油化工企业Kalogg公司就将中间试验研究作为业务的重点。该公司研究和工程发展部共有人员160人，其中开展中试过程与工程发展研究人员100人，开展化学研究人员30人，开展计划、专利、技术情报人员30人。在经费分配上，该公司也极为重视对中试的保障，在基础研究方面投入的经费为10%—20%，在老厂的革新与扩建上的经费为25%—50%，而涉及中试的过程开发经费占比达到了40%—60%。

其次，制造业和能源领域的应用。中试在制造业和能源领域同样发挥着重要作用。通过中试阶段的实验生产，可以识别潜在问题并采取相应措施，降低产业化的技术风险和生产风险。在制造业，中试用于新产品的开发和工艺流程的验证，确保产品在大规模生产中稳定可靠。在能源领域，中试则可以用于验证新能源技术和生产工艺。

再次，生物技术和食品产业的应用。生物技术和食品产业也是中试应用的重要领域。中试在这些领域中的任务包括验证工艺、评估产品性能、解决生产中可能出现的问题，并确保产品符合质量标准。在生物技术中，中试有助于优化发酵过程、提高产物纯度等。在食品产业中，中试则关注食品加工工艺的可行性以及新产品的生产流程。

中试的作用主要包括风险评估与问题解决，为数字化趋势提供更为准确的指导，精准控制和柔性生产，产业化的技术过渡，集成、延长产品价值链等方面。

一是风险评估与问题解决。中试阶段的实验生产为生产团队提供了一个识别可能出现问题并采取相应措施的机会。这个过程通过必要的装备条件、技术服务以及人才作为支撑，对成果进行熟化处理和工业考验，从而降低成果产业化的技术风险、生产风险、营销风险和投资风险。为达成上述目标，需要在中试过程中对数据进行采集和分析，通过统计和模型分析也可以更好地为产业化（产品化）提供支持。

二是为数字化趋势提供更为准确的指导。技术创新是中试的"根"与"魂"。产业技术创新和产业数字化趋势对中试的发展产生了深远影响。特别是信息技术、互联网的深入应用，中试也展现出了新特点。数字化已成为中试的趋势之一。通过虚拟试验可以更迅速地评估不同方案，减少对实际设备和原材料的需求，提高效率；同时，数据科学的应用使得对中试数据的深入分析变得更为容易，通过高级分析技术，可以挖掘数据中的潜在信息，为工艺优化提供更准确的指导。以石油化工为例，由于计算机信息处理能力增强，石油化工中试呈现出"规模愈做愈小"，但是"工业放大倍数愈来愈大"的趋势，部分业务环节已达到 8 万倍以上。

三是精准控制、柔性生产。技术创新理念的转换对中试产生了重要影响。例如，绿色中试的概念强调减少对环境的影响，包括能源消耗、废物产生等方面的优化。再例如，对生产过程的精细化控制成为中试的一个重要方向。通过先进的仪器和自动化技术，中试可以更精准地控制各个生产环节，提高产品质量和一致性。由此，柔性生产成为可能。

四是产业化的技术过渡。在实践过程中，中试实际上成为产品正式投产前的试验，即在大规模量产前的较小规模试验。其目标在于提升技术成熟度、解决工艺适应性、完善生产流程。中试把科学发现同产业发展联系在一起，将实验室研究成果进行全方位工业化放大，有效实现科技成果产业化，是打通科技成果转化"最后一公里"的关键性过程。

五是集成、延长产品价值链。中试在填平实验室研究和产业化之间的鸿沟上发挥重要作用。通过激发科技创新源动力，技术迭代加速科技成果转移转化，推动科学研究向企业生产阶段发展，从而为产业链两端的价值链提升提供平台。中试不仅可以解决技术指标、资金需求、市场营销等问题，还能够验证工程可靠性和商业可靠性，发现大规模生产后可能存在的问题，为产品的进一步优化提供有力支持。成熟的中试有助于推动科技成果转化提升价值链，完善创新链，健全产业生态体系，延伸产业链。经过中试项目的应用孵化，能够推动科技创新与产业链发展相融共进，提升成果的经济价值和技术成熟度，加速产业链集聚发展，形成新的产业生态。

在不同领域，中试的应用和发挥的作用略有差异，但都在科技成果转化中扮演了不可替代的角色，是推动科技创新向实际应用迈进的桥梁，有助于解决科技成果转化的难题，促进产业链的完善和创新链的高质量发展。全球化趋势下，对中试的应用及作用的认知过程体现了科技界和实业界对产品开发、工业生产过程不断优化的共同追求。可以预见，随着科技的进步和行业需求的不断演变，中试的应用及作用将继续发展，为现代化产业体系的可持续、高质量发展贡献更多的力量。

2. 中试发展史

2.1 18 世纪早期以前：中试理念的萌芽

虽然工业领域的中试是从近代化工和冶金领域开始的，但在古代早已有了中试思想的萌芽。在生产力水平低下、生产技术不发达的古代社会，既没有职业技术专家，也没有相应的科学技术研究机构，生产技术的发明和改进主要依靠劳动者在工作现场"试错"来完成，就在这种反复试错的劳动过程中中试思想逐渐萌芽。[①] 例如，古人在酿酒的过程中不断试错，从添加一种发芽的谷物来提供酿酒需要的酶，到后面不断改进和筛选，找到能够提高发酵效率和口感的酒曲。

英国物理学家贝尔纳在《历史上的科学》一书中讲道："在开始动手之前，制造者心理预存一个用具的概念，到后来，这种从有意识的先见得来的经验，就注定形成所谓设计和计划的经验，进而演变成为科学的经验，即试验法的经验。制造物件时，先用模型或图画来试验各种方

---

① 夏保华，王滨. 中间试验的历史发展［J］. 科学技术与辩证法，1997，（04）：34 – 38.

法，而不必总按原规模来边试、边改，这就是试验法的由来。"这种先在模型上试验成熟后再应用于生产的试验法，也是现代中试理念的萌芽。

古代冶金生产的所谓试金术方法，就是事先试验从某种矿石中炼出金属的方案，已有了中试活动的雏形。不过，这些试验性的活动，都是从属于生产过程的，并没有从生产过程中分化出来。"独立分化"是现代中试业务的显著特征，而依托这种分化构成的要素集合及其联系网络是中试产业的核心内涵。值得注意的是，古代之所以出现中试思想的萌芽，不是由于技术原因，更多是由于经济原因。劳动者在长期的实践中逐渐认识到，用模型试验成熟后再正式生产，比在生产中边干边试边改更节约劳动量、节省原材料，生产效果更好。

15世纪下半叶到17世纪，手工业、制造业急速发展，人们在技术和工程领域也遇到许多问题。如在建造大型物品时，工匠们发现，按照小船的样式进行比例放大建造大船时，大船往往会出现船身不牢固、结构不稳定等问题。正是这些问题的困扰，迫使人们开展对中试的进一步探索。

18世纪早期，也存在一些原始的中试案例。英国化学家约瑟夫·布莱兹利发现了一种物质——氢。为研究这种物质的性质和特征，他利用锌和酸制备氢气，并进行了一系列的实验。虽然这个案例并非典型的工业中试，但它代表了当时科学家尝试在实验室中制备和研究新物质的努力。布莱兹利的实验奠定了氢研究的基础，同时也为后来更广泛的实验和中试工作提供了启示。这种实验表明，科学家开始意识到实验室中获得的小规模结果可能具有更广泛应用的潜力，从而促使了对更大规模中试的初步尝试。

英国冶金学家亨利·科特在铁矿冶炼中引入一种新的煤炭焦化和炉渣处理方法，改进了铁矿石的提炼过程。尽管他的实验规模相对较小，但这些尝试对后来英国工业革命中铁制品生产的发展产生了深远的影响。科特的工作表明，通过实验室规模的试验，可以找到改进传统工艺的途径，这种初步的中试尝试对冶金工业产生了实质性的影响。冶金领域作为最早进行中试探索的领域之一，开始试图将实验室成功的小规模试验应用到更大的冶炼过程中。

总体而言，在18世纪早期及以前，尚未确立中试的科学概念，中试探索也仅是一些零星的实践案例，并且主要以试错法和经验主导。在化学、物理领域，主要是为了验证新技术和工艺的可行性，其规模一般较小。总体而言，这一时期的中试以实践活动为主，是零散的，缺乏系统性的尝试，尚未上升为方法论层面。但在一些领域已经出现将实验室成功的结果转化为更大规模的生产过程的思路，为现代中试的萌发奠定了基础。

2.2 18世纪早期至19世纪末：中试理念的初步确立

随着18世纪中期工业革命的兴起，新的制造和生产方法涌现，科学技术研究向现实生产渗透加强，实验室成果向产业的转移加快，冶金、化工等领域日趋大型化，新工艺、新产品不断增多，科学家和工程师们开始认识到将实验室成果应用于更大规模的生产过程的必要性，相对独立的中试活动逐渐进入业界视野。

第一次工业革命极大地推动了纺织业的发展，纺织品产量大幅度增加，这使得传统的漂白技术、染色工艺难以跟上纺织业发展的进程。在英国，纺织业最初使用的漂白剂是有机酸，而碱则常从海藻灰中提取。显然，这种方法无法满足漂白、染色等工业生产的迅速增长需求。在这一背景下，学界开始致力于研究制碱方法，比利时人苏尔维发明了一种新型制碱法，并在布鲁塞尔建立了世界上第一个公认的中试工厂，通过中间试验改进新型制碱工艺，实现大规模量产。

专栏1-1 世界上第一个公认的中试工厂

早期的制碱法是由法国人路布兰于1787年发明的，其规模较小，日产量仅为250千克，在此基础上，还存在生产设备能力小、原料利用不充分以及工人劳动条件恶劣等问题。

随着煤化工的发展，以较大的产量生产氨气成为可能，人们很快就开始探索氨碱法的工艺。从19世纪30年代到50年代这20年间，相继有英国与法国企业家采用氨碱法进行生产，但是都无一例外地宣告失败了，这些生产企业最终也以破产告终。究其原因还是氨气的利用率不足。这个反应单单从方程式来看是非常合理的，这里面唯一贵重的物料就是氨气。由于当时氨气产量有限，可以用于纯碱行业的氨本身就不多，这限制了氨碱法生产规模的扩大。

为解决这些问题，比利时人苏尔维对吸收塔进行了改进，创造出了后来闻名世界的苏尔维塔，并发明了一种新型制碱法，并在布鲁塞尔建立了世界上第一个公认的中试工厂，试图改进这种新型制碱法的工艺，并向大型化工厂推广这一方法。

氨碱法相对于路布兰法减少了很多固相反应与分离过程，尽可能地采用液体或气体物料，这有利于全流程实现连续化生产，增大了系统的产能。氨碱法的另外一个好处是反应过程中不产生黑灰，得到的纯碱品质好、纯度高。正是因为这项改进，纯碱的价格下降了75%。

苏尔维在这个中试工厂中开展了多种规格和技术路线的小批量试验；在工艺持续改进中，最终成功实现了日产300公斤的规模生产要求。1886年，苏尔维成立了苏尔维制碱公司，每日可量产纯碱1.5吨，将纯碱价格从每吨13英镑降低至4英镑，这一创举对于工业生产的发展和化学工业的演进产生了深远的影响。

与此同时，学界和产业界都认识到，实验室中小规模操作的结果通过适当的中试步骤可转化为可行的生产过程。对此，德国化学家弗里德里希·维勒首次提出了作为特定业务活动的"中试"一词，开始系统地规划和实施中试步骤，以验证实验室结果的工业适用性。维勒的工作在很大程度上促进了中试的发展，并为后来中试研究提供了理论基础。

19 世纪中叶，化学和冶金领域的创新推动了中试的进一步发展。在这一时期，美国化学家查尔斯·普拉特成为化学工程领域的奠基人之一。他强调了实验室和工业之间桥梁的作用，提倡将中试作为研究成果转化为实际生产的关键步骤。他的思想在美国工业界产生深远影响，使作为相对独立业务活动的中试获得了更大的接受度。

19 世纪后半期，其他工业生产已经开始采用一些比较复杂的新技术，逐渐进行一些专门的扩大试验或者半生产性试验的工作。在冶金工业中，英国冶金学家贝塞麦为克服搅钢炼钢法小型化、手工操作、成本高的局限，发明了酸性底吹转炉炼钢法，但是他没有马上推广，而是又用了几年时间扩大试验并加以改进，使这项技术成熟后迅速推广应用。在电力工业领域，美国建立了第一个工业实验室——爱迪生实验室，通过其较强的中试开发优势和人才优势，很快将电灯、电话等具有划时代意义的重大发明产业化，将产品源源不断地输送到社会，推动了人类文明进程。爱迪生"发明工厂"的创立，将科学研究同生产技术二者从组织上统一起来，这个体制进一步发展，后来演变成为美国普遍推广的"工厂实验室"体制，科学技术与生产的关系进一步加强，科学家跳出纯科学圈子，从大学实验室走出来到企业工作，寻找科学应用于生产技术的道路。率先实行这一体制的第一个样板是通用电气公司，此外还有杜邦公司、美国电话电报公司、梅隆工业研究所等，这种"工厂实验室"体制当今已成为美国应用研究与发展工作的主要组织形式。

第二次工业革命进一步推动了中试的发展。原先将实验室设备按比例放大的小规模间歇生产已不能满足迅猛发展的生产需要，大型化生产需要的设备的大型化和过程的连续化亟须满足。人们意识到围绕某项新技术建立一个现代的持续作业式的生产系统，往往要比发明本身复杂得多。这一阶段，尽管有了中间工厂，但由于放大理论、定量化的试验方法还没有出现，因此中试最初在方式上还保留着传统试错法的痕迹。

19 世纪末，出现了两种方法，即数理统计方法和相似原理基础上的模型方法，标志着中试由经验向科学化过渡。统计方法（如正交试验、极差分析法等）的应用，对中试这类流程长、成本高、要素广的工作形成了科学指导，通过适当的试验设计和结果的统计分析，能有效减少试验次数并提高效率。

总的来说，18 世纪到 19 世纪末，相对独立的中试活动在工业革命、科技创新和实验室研究的相互推动下逐渐被确立，为后来中试工作的系统发展和推广奠定了基础。化学、冶金等领域的早期实验为中试提供了经验，而工业革命的需要则迫使科学家和工程师们寻找更有效的方法将实验室成果转化为实际生产。

2.3　20 世纪至 21 世纪初：中试的广泛发展

20 世纪至 21 世纪初，中试的发展经历了多个阶段，从战争时期的应急需求，到市场化中对竞争力的追求，再到信息技术的深度应用，每个阶段都在推动中试理论和实践的不断创新。这一时期的中试历程可以分为以下几个重要方面。

在 20 世纪 40 年代，战争的迫切需求推动了中试在应对技术挑战方面的广泛应用。丁苯橡胶的乳液聚合、流化床催化裂化过程和曼哈顿原子能工程设计这三个重要工程项目，都是在第二次世界大战背景下出现的。其中，曼哈顿原子能工程设计更是在时间紧迫和放射性危险的情况下，未经中间试验就从实验室一下扩大到工厂规模，放大倍数高达 1000∶1 以上。这一时期的实践显示，特殊背景下的中试可能需要更高的放大倍数以满足紧迫的需求，这一实践推动了对工程试验作用的认知。人们意识到，要实现过程放大，尤其是高倍率的放大，需要对过程实质有真正的了解，并且必须建立坚实的理论基础。这使得中试研究逐渐朝着科学化和精确化的方向发展，而不再仅仅是简单的规模放大。

20 世纪中叶，中试的普及程度逐渐提高，呈现出多样化的形式。中试装置的规模、完整性和目的多样化，包括小区、中区、大区等不同层次。这说明中试逐渐成为从实验室到生产线过渡的关键环节，涉及的领域也逐渐拓展。与此同时，市场竞争激烈，企业将中试的内容转向市场营销试验研究。这意味着中试不再仅仅关注产品和生产过程的试验，更加注重生产出消费者满意的商品。这一趋势加强了中试与市场需求之间的紧密联系，使中试成为更为全面的实践环节。同时，中试方法上发生了一些重要的变化。传统的中试主要依赖相似原理，但由于不同行业技术与生产的复杂性，相似原理显然不能作为中试普遍通用的原理。一些专家开始根据多年的实践经验总结出特定问题的经验公式和规则，推动中试方法向更为灵活和先进的方向发展。

另一个重要趋势是追求手段的先进和成本的降低。虽然中试作为一个过渡性的过程对技术开发或创新至关重要，但其本身费时、耗资严重。因此，人们一直在探索更经济、更可靠的方法。随着计算机技术、科学仪器和放大原理方法的不断发展，一些技术开发项目逐渐减少对中试的依赖，更多地依赖对对象规律的理解、数学模型和计算机的模拟，以减小中试规模和降低成本。

20世纪的中试通过不断发展，不仅在技术实践层面取得了重要的成就，更在理论体系和方法论上不断创新。这个时期的中试历程为后来的中试发展奠定了基础，同时也为21世纪中试的更深入发展提供了丰富的经验。

专栏1-2　新中国成立初期我国在中试方面的探索

在我国有历史记载最早借助中试取得突破性成就的，是我国民族化工工业的先驱、著名化学家侯德榜。1950年，侯德榜出任重工业部化工局顾问，他指挥一个特深组在国营大连化学工业公司建了日产10吨的中试工厂，将他平生最得意的杰作、世界闻名的"侯氏联合制碱法"进行扩大生产试验，不断修改后取得了建大型工厂的各种数据；由于苏联专家的反对，直到1950年才建成大型联合制碱厂，1963年底达到日产120吨的水平。20世纪50年代初，我国东北科学研究所承担全东北最高级别的综合科学研究任务。随着研究工作的开展，取得的结果需要扩大试验，为此建立了胶合板试验厂、硫酸盐纸浆中试厂、贫铁矿浮选试验厂等中间工厂。这些试验厂做过多项新产品和新技术试验，取得了一定的成绩。1962年，我国第一台万吨水压机在上海江南造船厂建成，成为当时我国工人阶级"蚂蚁啃骨头"精神的典范。在设计和试制中，他们首先制作了比万吨水压机小十分之一的试验模型样机，经过对小样机一年半的摸索试验，取得大量经验和数据及具体制造路线和方法后，完成了完整的设计。

2.4 21世纪初至今：中试的现代化发展

在全球产业格局变迁的当下，中试作为科技创新和产业发展的桥梁，正在经历一场现代化的深刻变革。过去，中试的发展历经了从技术验证到创新加速的过程，涌现出一系列具有时代特色的发展趋势和特点；当下乃至未来，中试以链接广、链条长、要素齐等特性，正在迎来从特定业务活动向特定产业转变的重大机遇。

首先，当下中试的现代化发展呈现出多领域的深度融合。中试平台不再局限于传统的产业领域，逐渐涉足生物医药、人工智能、新能源等新兴领域。这种跨领域的发展不仅推动了各个领域的科技创新，也促进了不同产业之间的融合与协同，形成了创新的生态系统，使得中试具备了从"特定业务活动"向"专门化产业"转型的可能性。

其次，当下中试发展的另一个亮点是可持续发展理念的融入。中试平台不仅仅关注技术的创新，更注重考虑在中试过程中对环境、社会和经济的影响，绿色制造、清洁能源、循环经济等理念在中试发展中得到广泛应用，使科技创新与可持续发展相互交融。

在此背景下，产业界与学术界的合作模式也愈加紧密。许多中试平台建立了与高校、研究机构的战略伙伴关系，形成了开放、协同的创新生态。产学研深度融合为科技成果的转化提供了更多路径，促进了高水平科技成果的商业化应用。同时，当下**中试发展并不只是技术层面的进步，更是一场理念和制度的创新**。在全球化、数字化、可持续化的浪潮中，中试平台正不断演进，成为连接基础研究和产业应用的关键纽带，为推动科技创新、促进产业升级发挥着日益重要的作用。

| 第二节 |

企业中试的探索

企业中试是中试作为一个技术创新必经环节在多个企业、多个领域经过实践、复制、扩散后形成的，由工程技术服务原创技术转化的企业创新运作平台、制度、机制和生态。企业是中试的重要主导者，原创技术拥有者则是这一过程的重要参与者。在现代化工业生产过程中，中试的顺利运行，离不开特定的机构、机制、服务和平台。这些内容在实践中的相互作用与融合，最终在制度和文化层面，表现为企业组织内部的"中试生态"，即中试过程得到顺利开展的硬件基础、制度条件、平台空间和文化氛围。搞清楚企业组织的"中试生态"，是研究更大区域范围内中试产业的前提条件。

1. 企业中试的技术功能

企业中试就是企业组织开展中试活动需要的支持和服务的统称。这些服务旨在促进中试业务活动的顺利进行，确保科技创新的成果能够有效地过渡到实际生产阶段。企业中试持续开展所形成的创新氛围，本书将之称为"企业中试生态"。企业中试必须反映企业对中试功能的需求，即五大功能，因此在实践中也必然具有一些重要特征。①

一是广覆盖的商业概念验证功能。概念验证是推动实验阶段的科技成果能不能迈向样品化和工程化的"最初一公里"，中试为早期技术的"商业化验证"及其后续商业策划，评价科技成果的商业化潜力及可行性，帮助解决科研成果与可市场化成果之间的初步验证。

二是高通量的小试中试熟化功能。中试熟化是实践性技术与工艺商业化的必由之路，是决定科技成果后续试验与应用性技术向产品延伸的关键环节，为推动科技成果转化提供从小试中试产品、工程设备样机、成套生产工艺和整体技术方案。

三是全周期的企业孵化育成功能。作为科技成果转化的"最后一公里"，孵化育成向上承接中试熟化环节，向下链接终端市场，将中试熟化后的科技成果转变成可规模化量产产品，实现企业化的价值转化、增值、跃升。

四是大集成的产业承载区管理运筹功能。中试具有连接学术界、产业界、政府等多主体的天然特质，完全具备创新资源要素集聚整合、优化配置、开放流动、集成互享的基础本底，企业整合资源、推动打造"中试平台＋孵化基地"的中试架构已成为大势所趋。

五是复合型的高端人才汇聚功能。中试以专业性、独特性、高价值科研仪器设备吸引集聚人才，以挑战性、前瞻性、多样化中试研发科研项目培育使用人才，锻造懂技术的专业技术人才和懂技术、懂市场、懂管理的复合型人才，实现社会效益与经济效益双重价值。

②. 企业中试的生态特征

为达成上述功能，健康的企业中试必然会形成"生态圈"，这一"生态圈"必然具备着以下四类特征。

---

① 范文博. 中试产业生态基地体系建构的理论、经验启示及成都路径 [J]. 决策咨询, 2023，(04)：19 – 23.

一是开放属性。开放共享发展是"企业中试生态"的逻辑起点，更是实现中试赋能产业高质量发展的基础要求。企业需要不断适应新的市场需求和技术趋势，不断进行技术创新和模式创新，通过开放共享发展促进企业中试内部的交流与合作，推动技术进步和模式创新，从而为中试的发展提供强大的动力。各地政府主要采取两类方法驱动企业中试平台开放共享功能：一是通过企业主导或参与市场化机构中试平台投资建设，该方式更加适宜资金投入大、公共需求高、产业牵引强的重大中试平台；另一类是通过后补助方式牵引中试平台对外提供中试服务，鼓励市场化中试平台采取微改造、流程设计等方式对外开放，从而确保中试平台面向本专业领域企业、科研机构、创新团队高效开放、便捷共享。

二是公益属性。企业开展中试活动，并不以中试环节的直接获利为目标。微盈利管理运营是"企业中试生态"实现引流增效的普遍理念，体现着"舍弃运营服务之小利益、做强产业发展大循环"的行业认知。在微盈利管理运营的理念下，企业注重通过精细化的运营管理，提高运营效率，降低运营成本，从而实现引流增效的目标。同时，也要求企业在运营过程中，注重平衡短期利益和长期利益的关系。通过舍弃一些短期的运营服务利益，加强技术研发、提升服务质量、拓展市场份额等实现长期的产业发展大循环，为企业中试和产业发展带来更大的收益。从目前中试平台运营来看，多采取"政府补贴＋逐步退坡"的方式，前期三到五年主要依托政府补贴维持运营，接续三到五年政府补贴逐步退坡，主要依托中试平台提供运营服务保持运营费用平衡，最终实现中试平台运营费用的内循环和微盈利，形成"让利于服务企业、获利于产业发展"的新局面。

三是投资属性。"从中试运营服务中获利"到"从成果转化投资中获利"的逻辑转变，是企业在技术创新过程中实现可持续、高质量发展的重要一环。传统的中试运营服务中，企业往往通过提供技术服务、产品测试、市场推广等运营服务来获取收益，这种模式往往受到市场竞争激烈、技术更新换代快等因素的影响，难以实现长期稳定盈利。从成果转化投资中获利，则是将中试运营服务的收益转化为对技术研发、产品创新等方面的投资，以实现更高的收益和更长远的发展。在产业引导实践中，企业在中试环节上，引入锚定对中试平台产出成果的政府基金投资，分享科技成果就地转化和产业化带来的巨大红利，既有效解决了创业团队有成果无资金、有产品无市场之"困"，又有效弥补了政府国资有基金无靶点、有投入无收益之"难"，实现了政府端、企业端、产业端的"三赢"。

四是产业属性。从企业中试成效看，中试创新活跃度高、市场靶向性强、产业导向性强，推动科技成果向现实生产力转化、集聚产业发展所需高端资源要素是"企业中试生态"与生俱来的显著特征和独特优势，实现了政府、高校、科研院所、企业优势资源互通互换服务体系，在企业内部畅通"实验室—中试基地—中试产业"孵化产业链，以科技成果转化推动产业链延伸、价值链提升，加快实现产业的集群集聚发展，让科研成果从"实验室"加速走向"应用场"，最终推动产业链迈向更高端。由此看，随着"企业中试生态"的成熟，企业中试最终跨过组织边界，在更大范围内复制其硬件基础、制度条件、平台空间和文化氛围，就为更具区域意义的"中试产业"奠定了实践基础。

3. 企业中试的实践动态

3.1 国外企业中试实践动态

国外企业中试在当前全球科技与产业发展的大背景下呈现出多元化和创新性的发展动态。不仅在国际合作、产业链合作、技术多元化和数据共享等方面呈现出新特点，而且各国在国别差异中展现出独特的战略和优势。

国外企业中试在国际合作方面呈现出明显加强的趋势。随着全球化的不断推进，各国政府纷纷支持中试的发展，对新材料、新能源等新兴产业提供丰富的资金和技术支持。这一国际化的合作格局为各国分享先进技术和经验提供了平台，推动了企业中试的多元化发展。多国政府对中试的支持进一步促进了企业在中试环节开展国际合作的深度和广度，产业联盟和参与者的规模也进一步扩大。各行业组织和企业积极开展项目，投入大量资金支持，形成了跨国、跨行业的合作网络。国际化的合作不仅有助于提升中试项目的规模和水平，也加速了全球科技创新的步伐。

中试中的企业间产业链合作已成为推动创新和发展的重要动力。不同环节之间合作关系越来越密切，中试为产业链中各个环节提供了更多的合作机会。通过产业链上下游的协同努力，各个环节之间实现了更高效的技术推进和资源共享，从而促进了整个产业链创新发展。这种产业链合作的加强不仅推动了各行业的技术创新，也为中试项目提供了更广泛的支持和合作平台。

技术的多元化是国外企业中试的显著特点。中试涉及的技术种类涵盖了新能源、新材料、生物医药、清洁能源等多个领域。多元化的技术发展有效地促进了各种前沿技术之间的交叉、融合和创新。中试的开展为各个领域提供了验证和优化技术的平台，推动了科技创新的广泛发展。不同国家和地区在中试项目中注重的技术领域也呈现出多样性，充分体现各国在科技发展路径和重点方向上的战略差异。

国外企业中试的数据共享与开放也在加速进行。随着互联网和数码技术的发展，中试相关的数据收集和共享体系不断完善。数据共享的加速有助于促进更多企业参与科技创新。各方通过数据共享平台分享信息、经验和知识，降低创新门槛，促进更广泛的合作与创新。这种开放式的数据共享机制为企业中试提供了更为广阔的发展空间，推动科技成果的快速转化和应用。

在国外企业中试发展案例中，美国、德国、印尼和英国都展现出跨越企业边界的区域集成特点。美国公司在新能源技术、制药、自动驾驶汽车和清洁能源等领域取得显著进展，这些领域的中试得到政府和企业的大力支持。德国通过弗劳恩霍夫协会等应用科学研究机构的支持，倡导合同科研，推动科技知识向企业的实用转化。英国的东伦敦科技城通过政府投资和税收政策，成功吸引了全球高科技和创意企业，成为欧洲成长最快的科技枢纽。

总体来说，国外企业中试在国际合作、产业链合作、技术多元化和数据共享等方面呈现出活跃的发展动态，在推动创新、促进产业发展等方面发挥着重要作用。

国外企业中试在具体操作中也出现了三种典型模式。

一是以弗劳恩霍夫协会为代表的行业协会主导的模式。这种模式下研究以应用为导向，同时注重前瞻性研发。每年科研经费的 2/3 来自企业和公助科研委托项目，另外 1/3 来自联邦和各州政府，用于前瞻性的研发工作，确保其科研水平处于领先地位。[①] 经费中会有至少 40% 用于社会性非商业化的科研工作。以市场需求为导向，聚焦产业发展的共性技术研发。同时，采用灵活、全面的用人机制，充分整合德国大学基础研究成果，及时洞悉产业界真实需求，为大量中小型企业开展中试活动提供良好支撑力。

专栏 1-3　德国的应用科学研究机构——弗劳恩霍夫协会[②]

弗劳恩霍夫协会成立于 1949 年，总部位于德国慕尼黑，是欧洲最大的应用科学研究机构。协会共下设 75 家研究所，在欧洲、美洲、亚洲及中东地区设有研究中心和代表处，拥有约 2.9 万名研究人员。协会以市场需求为导向，为德国企业提供技术开发、优化、推广等服务。2020 年研究额达到 28 亿欧元，在成果转移转化方面享誉世界。具体而言，弗劳恩霍夫协会采取 3 项措施，推动中试活动的有效开展：

一是聚焦关键共性技术。弗劳恩霍夫协会作为一家应用科学研究机

---

① 黄宁燕，孙玉明. 从 MP3 案例看德国弗劳恩霍夫协会技术创新机制 [J]. 中国科技论坛，2018，(09)：181-188.
② 陈雨晗，马雪荣. 弗劳恩霍夫模式对江苏构建高质量技术转移体系的启示 [J]. 江苏科技信息，2021，38 (31)：4-7.

构，它始终将自身的研究层次定位在支撑产业发展的关键共性技术研发。通过充分整合德国大学的基础研究成果，及时洞悉产业界的真实需求，并及时推进具有市场前景的应用研究和技术转化。弗劳恩霍夫协会成功将学术和企业连接在一起，在这个过程中自身也得到了进一步发展，实现了良好的正向回馈循环。

二是建立灵活全面用人机制。众所周知，开展中试活动所需的人才是复杂多样的。以制造业为例，在建设中试生产线过程中，往往需要特种设备操作员，但这种操作员一般都是临时的，企业为了降低成本，很难长期雇佣这样的工作人员，但在需要这样的工作人员时往往又难以获得。弗劳恩霍夫协会的人事管理机制非常灵活，对研究人员实行合同雇佣制管理。旗下研究机构大多设置在高校内，管理层半数以上为教授，职工中半数为高年级大学生。协会鼓励科研人员流动，并允许科研人员兼职，甚至鼓励职工离开单位开办自己的公司，遇到困难的还可以在两年内返回单位。这样的用人机制，更容易激发高水平科研人员创新创业的积极性。

三是建立可持续技术转移模式。弗劳恩霍夫协会技术转移主要有"合同科研"、项目孵化、技术许可、技术人才流动以及"技术联盟"五种。其中技术人才流动和"技术联盟"的方式极大地促进了技术转移可持续发展。协会每年有15%—25%的人员会携带技术进入企业开展工作交流，将技术诀窍连人带技术转移到了企业手中，为企业开展中试活动带去极大便利。

二是以澳大利亚索林科技公司为代表的企业自身主导中试模式。澳大利亚索林科技公司通过建设自用型中试工厂，开发迷你生产设备（蒸发器、喷雾干燥器等），从成本和效率角度解决了企业自身需求，为企业每年节约成本1000万元。

专栏1-4 企业自身主导的中试模式——澳大利亚索林科技公司

　　澳大利亚索林科技公司在生产中发现，实验室与生产环境具有较大差异，一方面实验样品太小，无法进行任何有意义的市场反馈试验；另一方面，实验室烤箱中生产的粉末与在喷雾干燥器中生产的粉末不一样，在生产中产品停留时间、热处理工艺与实验室不一致，导致产品质量得不到保证。为稳定产品质量，索林科技公司着手开发中试工厂，试制中试设备并调试中试生产线，最终通过中试的产品，使公司降低了实验成本，测试了市场响应，降低了扩产风险，提高了决策效率，每年节约成本1000万元。

　　三是以德国LURI中试基地为代表的多方共建中试模式。德国LURI污水系统股份有限公司是一家专业设计、规划、施工、监理污水处理调节池的企业，能为客户提供一系列污水处理服务。在建设水污染治理中试工厂的过程中，LURI公司协同德国水质协会（DWA）、柏林水网协会及多个大学在多个细分领域进行合作，例如由柏林工业大学进行污水处理中试基地功能验证，斯图加特大学建筑研究所领衔打造中试基地的自清洁技术，奥德河畔法兰克福欧洲大学团队深度参与中试基地总体融资方案，构建了"企业主导＋高校参与＋协会协同＋政府支持"的多方共建中试模式。

　　通过梳理国外企业中试的历程可以发现，企业中试的发展，一方面需要依托链主企业的市场需求感知能力及工程化创新；另一方面，政府也要加强政策制定和资金引导，推动企业中试发展多种主体共建、多方资源共享。

3.2　国内企业中试实践动态

　　国内企业中试在不同领域的蓬勃发展彰显了其广泛的应用和市场需

求，政府对企业中试的支持力度也在逐步加强。2020 年 3 月，《关于构建更加完善的要素市场化配置体制机制的意见》明确了加强科技成果转化中试基地建设的方向。2021 年 3 月，《关于加快推动制造服务业高质量发展的意见》提出了支持科技企业与高校、科研机构合作建立中试基地等新型研发机构。2022 年 1 月，科技部发布通知加大对中试熟化基地的支持力度。

中央有部署，地方有实践。2021 年，中关村示范区领导小组印发《"十四五"时期中关村国家自主创新示范区发展建设规划》，提出要加大对中试转化的支持力度；2022 年，辽宁出台《中试基地建设发展实施方案（2022—2025）》；2022 年，安徽印发《科技成果转化中试基地建设指引（试行）》；2022 年，深圳印发《概念验证中心和中小试基地资助管理办法》；2023 年，陕西印发《加快中试基地建设 推进产业链创新链深度融合实施方案》；2023 年，武汉提出打造支撑中部、辐射全国的中试服务高地，重点新建 10 个中试平台；2023 年，长沙印发《科技成果转化中试基地认定管理办法（试行）》。整体来看，各地围绕产业发展实际，走出了一条适合自身发展的中试行业发展之路。本书通过三个具体案例进一步分析中试基地建设的几种思路。

3.2.1　北京：多主体协同推进中试基地建设

北京充分发挥国资公司主导作用，聚焦生物医药、电子信息、智能制造等主导产业领域组建专业化国资控股公司，由国资控股公司负责中试基地的建设运营，让专业国资公司成为引领中试标准的先行者、中试服务产业生态的构建者。

一是在建设运营模式上采取国资领投、市场运营的模式。由北京中关村发展集团与社会资本按 4：6 的比例共同出资建设中关村硬创空间集团，采取公司制管理运营，保持经营决策的独立性，利用社会资本强化平台公司的盈利导向，有效提升资金使用效率和自我造血能力，有效发挥了"政府主导＋专业运营＋行业资源"的制度优势。

二是通过自主建设为企业提供中试快制服务，缩短中试流程。具体做法是自主建设概念验证实验室、二次开发实验室等中试平台，为企业提供概念验证、小批试制、产品中试、敏捷制造等中试快制服务，成功将智能装备等成果中试流程由 30 天缩短到 7 天之内。通过与转移转化机构、知识产权机构、孵化器产业基金等建立中试服务联盟，集成成果评估、工业设计、知识产权、营销推广等专业资源与服务，实现了"中试熟化＋成果应用＋商业推广"全链条中试服务的聚合。

三是重视服务成果转化质效。在中试服务运营前 3 年不对平台绩效进行考评，更加注重对科技成果中试服务的公益导向和规模导向。重视平台对园区创新发展的带动作用与服务园区发展的能力与成效，重点考察中试技术服务、科技成果转化、创新企业孵化等指标。

专栏 1 – 5　多主体协同推进建设北京亦庄细胞治疗中试基地①

北京亦庄细胞治疗中试基地是全国规模最大的细胞治疗产业专业载体，也是北京市首个精准定位发展细胞治疗产业的专业化载体，集研发、中试及生产于一体。截至 2023 年 2 月已经聚集了拜耳、阿斯利康等 1700 余家产业链上下游企业，形成涵盖生物医药、医疗器械、健康产业等领域的完整产业链。

一是充分发挥国有资本在基础设施建设中的优势。基地依托"政府主导、国企投资、全方位服务"的模式，建设了 7 栋不同类型的标准化厂房和 1 栋综合服务中心的产业园区。7 栋标准化厂房中有 5 栋是"可叠拼、可双拼、可拆分"的大中型车间，针对大型细胞治疗企业生产及研发，剩下的 2 栋是小型车间，主要针对中小型企业，这种设计恰好能满足大中小不同规模细胞治疗企业的研发及生产需求，企业能"拎包入驻"。

二是充分发挥链主企业在产业链上的资源集成作用。园区首家入驻

---

① 北京首个细胞治疗中试基地竣工 ［N］. 北京日报, 2022 – 01 – 06.

的企业铂生生物是一家致力于干细胞新药开发的高新技术企业。园区依托铂生生物将基地建设为集研发、中试、生产和技术服务于一体的综合性国际化干细胞产业化平台，包括干细胞药物创新研发平台、细胞药物质量检验平台、细胞药物工艺开发平台、细胞药物商业化生产平台、临床转化平台以及干细胞产业创新交流中心等。

三是充分完善政府在中试基地建设中的顶层设计。园区通过探索建立服务管家、服务清单等服务机制，推出公共技术服务平台，提高服务匹配精准度，逐渐在园区内形成覆盖细胞存储、产品开发、中试研究、实际应用等细胞治疗全产业链条。

3.2.2 吉林：激活大院大所优势、多要素一体化支撑企业中试发展

吉林省以大院大所的研发项目、创新人才、科技成果等优势资源为核心依托，建立"大院大所智力支撑＋孵化园区载体支撑＋转化基金专项支撑"多层次成果孵化转化支撑体系，推动创新价值链与研究院、企业进行产学研联动和协同发展。比如为解决中国科学院长春应用化学研究所（简称"长春应化所"）科研成果和产业化脱节问题，建设12.6万平方米的化工新材料重大科技创新基地，已落地稀土交流LED等省部级以上高能级科技项目重大成果26项。

一是注重政府搭台与院所牵头相协调。 创新基地由吉林相关政府部门共同以股权投资的方式设立，该种方式对退出时间和回报不设门槛。基地的运营主体为应化所科技总公司控股的中科应化化工新材料孵化器公司，便于推动应化所技术成果优先在本地转化落地。建立"研发机构＋孵化公司＋转化基金"的一体化运营模式，成功孵化30余家高科技企业。

二是注重产业方向与学科优势相结合。 围绕长春应化所承担的高分专项等重大科技项目，长春应化所科技总公司结合创新成果的工艺路线和

要求，组织开展设备方案、技术路线论证，在创新基地建设了 4000 平方米的囊体材料中试平台，成功推动了临近空间飞艇囊体复合材料的国产化，具备年产几十万平方米囊体复合材料能力。

三是注重人才队伍与功能设计相匹配。 长春应化所创新基地构建了一支由 70 人组成的研究员团队、80 人组成的技术工程团队、40 人组成的市场运营团队和 30 人组成的技术经纪人和金融团队，以专业团队和标准化流程构建公共服务、技术开发和产业化三大职能，打通由"试验室技术孵化—中试技术规模化—新材料产业化—成套技术市场化"全链条转化体系。

3.2.3 蜂鸟智造：以市场为导向，推动中试多功能融合共兴

蜂鸟智造作为市场化中试共享企业的样板企业，是全国首个智能硬件产业市场化企业化运营、全国首个获得千万级风险投资、全国首个获中央引导地方科技发展资金定向转移支付的概念验证和中试熟化共享空间。蜂鸟智造在全国首创"六服务、三中心、两资源、一基金"[①] 的中试孵化模式，获得了西安市、重庆市、成都市政府部门的高度认可。

一是中试"六服务"护航成果开发。 蜂鸟智造聚焦初创硬件企业制造平台缺失和供应链脆弱的痛点，搭建"产品设计、工艺设计、仿真验证、概念验证、中试熟化、供应链设计"六类服务中试平台，解决技术熟化、产品成形、市场验证等关键问题，促成早期优质项目跨越中试形成工程产品的"最后一公里"。

二是验证"三中心"挖掘商业价值。 蜂鸟智造之所以被众多智能硬件企业称为最终创业团队的"娘家人"，在于其把准了创业团队懂技术不懂市场的"天然短板"、认准了工程化产品技术市场化验证环节缺失的"核心痛点"，通过搭建"三个中心"解决了"有产品无市场、有供应无买家"的尴尬境地。

---

① "六服务"指的是：产品设计、工艺设计、仿真验证、概念验证、中试熟化、供应链设计；"三中心"指的是：工程验证中心、商业验证中心、协同创新中心；"两资源"指的是：创新资源融合系统、产业资源导航系统；"一基金"指的是科技成果转化中试创投基金。

三是资源"双接口"赋能发展需求。蜂鸟智造组建了一支来自电子信息产业、科技成果转化、科技投资等领域的资深、复合型团队，拥有来自 TCL、海信、联想、富士康等企业的研发、工程、工艺、质量、供应链、项目经理等 80 余人，形成集知识产权运营、产教融合人才培养、投融资设计、创业商业咨询为一体的智能硬件产业链生态圈。

专栏 1-6 危机来临，蜂鸟智造能为行业做些什么？

从供应链资源入手，助力提升企业产能，提供瓶颈物料解决方案。2020 年 2 月 3 日，随着新冠疫情进入第一个爆发期，防疫相关的物资都处于供不应求的状态，其中成都凡米科技（被列为成都市卫生健康委员会推荐名录的企业）生产的智能体温计，受制于供应链瓶颈，电子料、线材短缺，产能严重不足，其中"温感探头"更是有价无市。在政府的支持与指导下，蜂鸟智造一方面准备紧急复工，一方面远程协同办公，从供应链端切入，有序组织工作，积极地为企业整合供应链资源，先后对接了蜀源线材、普尔达线材、轩皓电子、成隆海城、四伟塑胶、成都广日、通力电子等企业，为智能体温计的线材、贴片、感温探头、表面处理、包装、组装等瓶颈提供解决方案，助力日产提升。

整合上游企业资源，多路齐手，开发新产品，整合新技术。2020 年 2 月 4 日，正值全国春运返程大潮来临，信息核验及登记相关手段的空白使得工作开展十分困难。民政部门甚至呼吁："企业开发防疫软件，比捐赠 10 个亿还管用。"在这一情况下，蜂鸟智造孵化企业——合盛智联勇挑重担，企业团队提前结束春节假期，通过远程协作方式开展"新型冠状病毒疫情一检多认系统"、新型人员核验主机的研发工作。自大年初三开始，历经数个日日夜夜的紧张攻关，合盛人完成了各个系统、设备首个版本的研发，并主动与省内各地市相关部门取得联系，无偿提供系统使用及技术支持。在开发过程中，由于缺少在温控领域的经验，感温模块的选型、算法调试成为技术瓶颈。正值蜂鸟智造与凡米紧密合作期间，凡米多年的行业积累弥补了这一块的短板。蜂鸟智造精准对接了凡米、合盛智联，双方达成紧密合作，共同开发红外测温人脸门禁。

利用自身中试基地优势，快速进行量产评估，勇担企业责任。2020 年 2 月 10 日，蜂鸟智造中试基地正式复工，首批订单生产防疫物资智能体温计，并进行量产评估以及新品导入。因为此前准备充分，此次智能体温计的订单仅用半天时间就完成了产品评估，并且顺利从试产、小批量、进入量产阶段。为节省时间，此批次订单直接在蜂鸟智造进行量产。蜂鸟全体员工开足马力加快生产，满足政府采购的需求。在疫情形势严峻、防疫物资异常紧缺的时刻贡献一份力量，携手共克时艰，尽到作为生产企业应尽的社会责任。

3.3 四川企业中试生态集成化创新的探索

四川在中试领域积极探索集成化中试创新，形成了多元化的企业中试生态培育模式。2023 年 6 月，四川省科学技术厅联合四川省财政厅印发《四川省中试研发平台建设运行管理办法》，对中试行业中的研发平台进行界定并出台相应政策。2023 年 8 月，成都市科学技术局随即印发《成都市概念验证中心和中试平台资助管理办法（试行）》，对 2023 年申报概念验证中心和中试平台备案项目中的第一批 40 个项目进行备案，涉及的产业领域包含分子药物、化学药品、人用疫苗、微电子先进封测、智能硬件、射频微波、功率半导体、光学功能材料及器件、智能科技、钒钛特钢、生物环保与生物制造、新材料、航空装备智能制造、工业数字化装备等。整体来看，中试平台的认定和管理工作全省还处于起步状态，但在中试基地建设方面，已经呈现出如火如荼的态势，成都市、攀枝花市、内江市、自贡市都先后着手建设中试基地。

　　成都市在全国率先提出以中试为核心，构建"技术研发＋中试平台＋专业孵化＋天使基金＋应用场景"五位一体的创新生态，实现"基础研究—技术攻关—技术应用—成果产业化"全过程无缝衔接。截至2023年3月，围绕电子信息、数字经济和生物医药等主导产业，为生物治疗等21家首批认定中试平台授牌，向首批入驻中试平台交付钥匙。

专栏1－7　成都着力构建五位一体"中试＋"创新生态

　　成都在全国率先提出以中试为核心，辐射连接成果转化的各重要组成单位，构建"技术研发＋中试平台＋专业孵化＋天使基金＋应用场景"五位一体的创新生态，实现"基础研究—技术攻关—技术应用—成果产业化"全过程无缝衔接，推动科创资源上下贯通、精准匹配，服务产业建圈强链。

　　首创"科学家＋企业家＋工程师"模式。柔性引进石碧、王琪、成会明等院士（专家）团队22个。依托40余个科研创新团队，组建210余人的专业研发队伍。

　　揭牌首个"中试＋"生态园区。在国内率先打造百万平方米中试载体园区和基地。首个"中试＋"生态园区专注于智能硬件领域，致力打造集规划研发、中试、检测、中试产研院、人才培训、孵化、中试路演等功能于一体的创新微生态。目前围绕电子信息、数字经济和生物医药等主导产业，为生物治疗等21家首批认定中试平台授牌，向首批入驻中试平台交付钥匙。

　　签署"中试＋"科技成果转化创新生态伙伴倡议。围绕"中试＋"生态营造，联合清华大学、北京大学、中国科学院成都分院、四川大学等高校及中试平台代表，共同签署"中试＋"科技成果转化创新生态伙伴倡议，共同营造中试平台友好型环境，加强可转化、原创性科技成果供给，培育高水平专业技术经理人队伍，打造一站式中试项目孵化平台，构建多元化投融资服务体系。

攀枝花市积极推进钛产业基地建设，围绕钢铁、新材料等重点领域布局中试平台，建成钛钢联合、纳米二氧化钛等7个中试平台，布局新建钒钛资源提取与利用、钒钛新材料等2个中试平台，总投资达6.25亿元，汇集专业人才500余人，有力支撑了钒钛新材料、二次资源利用等产品和技术的产业化。同时建设国内首条钒氮合金中试研发试验线，在国内率先开展了钒氮合金技术开发、产业转化及技术指标优化等任务，成功转化钒氮合金、钒电解液、纳米二氧化钛、钛微合金化冶金材料、脱硫脱硝材料等20余种钒钛新材料产品，打通科技成果转移转化通道。

专栏1-8 攀枝花市打造钒钛领域中试研发平台促进科技成果转化

聚焦产业布局。瞄准打造世界级钒钛新材料基地、深加工基地和研发基地，前瞻性布局氯化提钒、纳米二氧化钛、氯化钛白、电解液新工艺等4个中试研发平台，打通钒钛领域科技成果从"实验室"迈向"应用场"关键一环。

加速成果应用。加强纳米二氧化钛中试平台在基础设施、管理机制、人才团队等方面创新能力建设，大幅提升科研水平及成果转化能力。目前，已实现汽车漆和化妆品用纳米二氧化钛技术转化，建成年产200吨产线，投产以来累计创造经济效益1500余万元。

推进平台建设。支持氯化钛白中试研发平台开展科技攻关，争取到攀西战略资源创新开发试验区重大科技攻关专项1项，获得专项资金827.6万元。联合钒钛高新区管委会、攀枝花市环保局等部门，协调解决中试熟化平台在选址、建厂等方面难题，加快建设氯化钛白等中试熟化平台。

为加速电子信息产业发展，内江市把推进"川渝新一代电子信息技术产业中试研发平台建设"作为内江市委、市政府工作的重要内容，并把该平台建设列为全市25个"揭榜挂帅"重大项目推进实施。通过建设川渝新一代电子信息技术产业中试研发平台、强化与各中试主体的交流合作、加强对链主企业的招引，内江市电子信息产业发展卓有成效。2023 年前三季度电子信息产业产值 48.8 亿元，同比增长 17.6%。

专栏 1-9　内江建设中试研发平台助力电子信息产业发展

建设川渝新一代电子信息技术产业中试研发平台。整合 2000 余万元专项资金，围绕电子信息产业所涉及的设计、制造、测试及新数字技术、工业互联网等领域，在内江高新区电子信息产业园建设川渝新一代电子信息技术产业中试研发平台，旨在通过多学科融合、交叉，推动形成新的技术创新点。截至 2023 年底，建成芯片研发测试等 5 个实验室、购置设备 159 台（套）。

强化与各中试主体的交流合作。积极对接四川大学、电子科技大学、重庆大学、西南交通大学等 10 余个川渝知名高校院所，整合创新资源。柔性引进高校专家人才 31 人，并成立由邓龙江、陈维荣、谭述森、陈鲸、黄卡玛、聂百胜等院士、专家为咨询委员会成员的川渝新一代电子信息技术产业中试研发平台专家咨询委员会。截至 2023 年底，累计收集中试项目 80 多个，引入中试孵化项目 7 个。

加强对链主企业的招引。立足错位发展芯片封装等产业，储备 23 个优质项目，与明泰微电子等龙头企业组建招商联盟，促成封装材料等 22 户企业链式入驻。

四川企业中试生态集成化创新探索中的多个模式均表现出围绕核心企业、聚焦核心区域、打造中试生态圈的创新趋势。通过建设新型中试研发平台和生态园区，推动科技成果的转化和产业化。这不仅有助于科技创新的提升，也在全国范围内树立了典范，为下一步企业中试升级提供了实践样本支撑。

| 第三节 |

以中试产业驱动青白江区新质生产力发展的理论基础

2023 年 7 月以来，习近平总书记在四川、黑龙江、浙江、广西等地考察调研时提出，要"整合科技创新资源，引领发展战略性新兴产业和未来产业，加快形成新质生产力"。新质生产力是创新起主导作用，摆脱传统经济增长方式、生产力发展路径，具有高科技、高效能、高质量特征，符合新发展理念的先进生产力质态。它由技术革命性突破、生产要素创新性配置、产业深度转型升级而催生，以劳动者、劳动资料、劳动对象及其优化组合的跃升为基本内涵，以全要素生产率大幅提升为核心标志，特点是创新，关键在质优，本质是先进生产力。[①] 发展新质生产力是推动高质量发展的内在要求和重要着力点，必须继续做好创新这篇大文章，推动新质生产力加快发展。同时，习近平总书记在参加江苏代表团审议时强调，"因地制宜发展新质生产力"，"发展新质生产力不是忽视、放弃传统产业，要防止一哄而上、泡沫化，也不要搞一种模式"。新时期、新征程，新质生产力建设是全面推动高质量发展的关键内容，为我们整合科技创新资源，引领发展战略性新兴产业指明了方向。而中试是科技成果转化为生产力的重要过程，可以对新技术、新产品的工艺、技术、设备、材料等进行全面的测试和验证，是推动新质生产力形成和发展的重要着力点。另外，中试是在实际生产环境中进行的，对新质生

---

① 2024 年 1 月 31 日，《习近平在中共中央政治局第十一次集体学习时强调：加快发展新质生产力，扎实推进高质量发展》，http://www.gov.cn/yaowen/liebiao/202402/content-6929446. htm。

产力的应用提供了实际的应用场景和经验，有助于对新技术的性能、效果、问题等进行全面的了解和评估，为解放新质生产力，推动新技术进一步推广和应用提供重要支持。再有，在新技术中试的过程中，会遇到各种问题和挑战，这些问题和挑战也是新质生产力创新和发展的重要机会。通过中试环节的实践和经验积累，可以充分将新质生产力转化为经济发展的新动能。

中试不仅具备行业属性，而且在当下正逐步显现出作为特定产业的内涵：作为生产制造行业中试环节与关联要素的集合体，以资源共享为特点、以要素汇聚为核心，以平台为载体，融合智能制造、金融服务、知识产权交易、人才培养、技术研发创新等于一体的综合产业业态。在这个意义上，中试可以作为特定区域的具体产业形态，**即中试是一种产业**。青白江区首先提出中试产业概念，即"**科技创新**、**人才培养**、**小试中试**、**产业孵化**、**生产制造**"全链条的产业组织形态。中试产业作为科技成果转化的关键环节，为新质生产力的发展提供了实践基础和数据支持，在新时代经济转型中扮演着桥梁角色，将有力促进新质生产力的形成和发展，推动高质量发展。

1. 产业创新理论视角下的中试产业

产业层次上的创新活动被称为产业创新，产业内任一环节有所创新都可以被视为产业创新的结果。最早的"创新理论"由熊彼特于1910年提出，他认为创新是经济发展最关键的内在因素，包括引进新产品、采用新生产方法、开拓新市场、控制原材料或半成品的新供应来源以及建立企业的新组织等五种状态[1]。20世纪70年代，英国经济学家弗里曼（Chris Freeman）[2] 首次提出产业创新理论，强调国家创新核心在于产业

---

[1] 约瑟夫·熊彼特. 经济发展理论 [M]. 郭武军，吕阳，译. 华夏出版社，2015：242.
[2] Freeman C. Industrial innovation：the key to success？[J]. *Electronics and Power*，1971，17 (8)：297-297.

创新，包括产品、技术、生产流程、管理和市场营销等多个方面。学者如卡尔森（Carlsson）、尼尔森（Richard Nelson）、伦德华尔（Bengt-Ake Lundvall）和沃尔特·泽格维尔德（Walter Zegveld）等进一步发展了产业创新理论，强调其系统化过程，将科研成果转化为产品的产业化。

在国内，产业创新的研究起源于 20 世纪 90 年代的实证研究，严潮斌[①]首次提出了"产业创新"的概念，并对其背景、主体、目的等进行了阐释。不同的学者对产业创新有着不同的理解和定义，但多数研究强调技术创新和企业创新在产业创新中的重要地位。产业创新的内涵涵盖了宏观层面的产业结构转换和改造与微观层面的企业产业转型，形成了一个整体性和系统性的理论体系。[②] 产业创新理论是关于产业创新过程和机制的理论体系，关注产业层面的创新活动，通过协同合作和资源整合推动整个产业链的创新。它涉及技术创新、产业创新系统和开放创新等多个层面，强调协同作用、创新阶段性和知识管理的重要性。产业创新理论试图揭示创新如何在产业层面产生、传播和影响，以及创新如何推动产业结构升级和提高经济效益。

中试产业的理论支撑可基于产业创新理论框架，该框架包括技术创新理论、产业创新系统理论和开放创新理论等。下面基于产业创新理论框架对中试产业的理论支撑进行深入阐述。

一是技术创新理论。产业创新的核心之一是技术创新（Schumpeter, J. A.）[③]。技术创新理论强调了技术的发展和应用对产业创新的驱动作用。技术创新不仅仅是新产品的研发，还包括了新的生产技术、工艺创新，以及对原有技术的改进等。产业创新理论从技术创新的角度解释了为什么企业和产业需要不断进行创新，以保持竞争力和适应不断变化的

---

① 严潮斌. 产业创新：提升产业竞争力的战略选择 [J]. 北京邮电大学学报（社会科学版），1999，（03）：6-10.

② 陆国庆. 产业创新：超越传统企业创新理论的新范式 [J]. 产业经济研究，2002，（01）：46-51.

③ Joseph A. Schumpeter. The Creative Response in Economic History [J]. *The Journal of Economic History*, 1947 (2).

市场。中试产业作为产业创新的关键环节，直接涉及技术的验证和实际应用。技术创新理论指导中试阶段的活动，强调了技术的不断进步对企业和产业发展的重要性。在中试产业中，技术创新的实质是通过中试实验验证新技术在实际生产环境中的可行性，从而减少商业化阶段可能面临的风险。技术创新理论为中试产业提供了解决问题、改进技术的方法论。

二是产业创新系统理论。产业创新并非孤立的活动，而是一个系统性的过程（Malerba）①。产业创新系统是由各个行为者所共同组成的，并且可以为生产某种具体的产品，或者说销售具体的，甚至是特定的某种产品而提供各种市场和非市场交互，强调了在创新过程中发挥企业、政府、研究机构等要素之间相互联系、相互作用。这个系统不仅仅包括内部的创新主体，还包括了外部环境对创新的支持和制约。产业创新系统理论强调了在整个产业创新过程中不同主体之间的协同与合作，包括企业、政府、研究机构等。在中试产业中，各个主体之间的协同作用十分明显。研究机构通过提供先进的研发技术，企业通过提供实际生产环境，政府通过提供政策支持等形成一个系统性的合作体系。产业创新系统理论为中试产业提供了协同发展的框架，推动了创新成果的快速商业化。

三是开放创新理论。产业创新理论逐渐摒弃了封闭式创新的观念，提出了开放创新理论。开放创新理论认为创新不仅仅发生在企业内部，还可以通过与外部合作伙伴、客户和供应商等建立开放的创新网络来实现。中试产业通常需要与其他企业、研究机构等合作，在不同阶段共享信息和资源，以推动创新的顺利进行。中试产业往往需要借助外部的资源、技术和市场信息。开放创新理论指导中试产业主动与外部进行合作，通过共享和获取外部资源来推动创新。在中试产业的过程中，通过与其他企业、研究机构的合作，可以更有效地获取新技术、降低研发成本、加

---

① Malerba Franco. Demand structure and technological change: The case of the European semiconductor industry [J]. *Research Policy*, 1985 (5).

速创新过程。开放创新理论为中试产业提供了整合外部资源的方法，促进了创新的跨界合作。

在信息化时代，随着多种技术场景重叠，数字技术对传统产业的深入渗透，企业中试跨越边界，在区域内复制试验流程，使之成为产业链。中试产业由此应运而生。简而言之，中试产业在产业创新升级中发挥着重要作用。

一是在技术验证和产品优化层面，促进交叉技术创新。中试产业作为工业化前的重要环节，可以对新技术、新产品进行技术验证和产品优化，从而降低工业化生产风险和成本，提高产品的成功率和市场竞争力。

二是在产业协同和合作层面，以技术促进全产业链整合。中试产业通过搭建产学研合作平台，加强企业之间的交流与合作，促进产业链各环节之间协同，共同推进产业创新升级。

三是在产业资源利用方面，以技术试验合作促进范围经济形成。中试阶段通过多方合作，实现产业链资源共享，降低研发成本和周期，提高产业链效益。中试产业通过借助政府对高端产业的扶持与引导，优化产业链各个环节的协作，以最科学、合理、开放的姿态为产业提供全方位、整体化的产业协同服务，持续推动产业链协同合作，强化产业协同合作的实力和效果，逐步发挥出"1+1>2"的协同效应。

四是在人才培育和技术交流层面，促进技术人才和工程人才协同创新。中试产业为产业升级提供有力支撑，通过中试平台的人才培养和技术交流促进产业技术水平的不断提升，推动产业创新升级。

也正是在上述意义上，中试产业超过了企业中试，在区域产业创新升级中具有不可替代的重要作用，其产业链的各个环节紧密衔接、相互促进，通过协同合作、人才培育和技术验证等方式推动产业不断发展，实现了从研发到工业化的全过程控制，为整个区域的产业创新升级贡献重要力量。

② 产业创新体系视角下中试产业的能力结构

科技创新和现代化产业体系构建的结合，有赖于高效适配的创新生态体系。中试产业作为多要素集成、多链条协同、多行业联动、多产业互促的"集合体"，天然具备着将创新链、人才链、服务链、资金链整合在一起的功能和作用，在产业创新体系系统升级演化中具备能力结构对接空间。中试产业主要具备以下五种能力。

一是系统集成创新能力，即从"成果二次开发"到"场景应用牵引"，建立"一体贯通"的"创新链"系统集成能力。中试产业兼备共性技术二次开发、概念验证、小试放大、中试熟化、场景验证、商业开发等横贯"创新链"的技术开发能力，由产业技术平台、中试功能平台、场景验证平台"三大平台"联动构建。如上海机器人研发与转化功能型平台由上海市普陀区国资平台和上海电器科学研究所联合搭建，打造机器人共性技术领域研究、中试验证服务、商业场景开发三大功能平台。平台成立 4 年来，已孵化近 30 家机器人企业，带动产值规模达到 15 亿元。

二是人才全链条培育能力，即从"懂技术懂产品"到"懂市场懂需求"，建立"一池活水"的"人才链"梯级培育能力。中试产业以中试产业基地为牵引，联动上游高校、科研院所和下游企业共同锻造一支高端领军人才"塔尖引领"、技术经纪人才"塔中稳固"、工程技术人才"塔基扎实"的"金字塔"人才队伍，构建涵盖懂技术到懂市场、懂产品到懂需求的人才体系。如东莞松山湖实验室推行"科研人员＋工程师""首席科学家＋全职首席执行官""工程技术团队＋技术经纪人团队"组织模式，从中国科学院物理所、中国科学院化学所、北京大学等引入 20 个前沿科学研究团队、25 个创新样板工厂团队和技术经纪人团队。

三是需求共享能力，即从"立足己之所需"到"满足他之所要"，建立"一举兼得"的"服务链"中试共享能力。中试产业要树立"站在未来看现在""跳起摸高提站位"理念，将满足存量产业中试需求和聚集增量产业培育需求二者"统筹考虑"，通过中试产业基地聚集全国乃至国际重大科技成果、创业团队和科技企业，形成立足自身、服务全国、辐射国际的中试服务能力。如上海工业控制系统安全创新功能型平台，按照单元操作特点进行中试设备选型，构建不同单元操作模块，组合不同的中试生产线开展试验，实现一套中试装置上适应多产品中试的开发，已形成产品样机 15 套，有技术服务企业 62 家、系统解决方案 30 余项，提高了资源配置效率。

四是资金链、产业链双链伴生能力，即从"投早投新投硬"到"投大投重投产"，建立"一以贯之"的"资金链"全程陪伴能力。 中试产业要依托国有投资平台构建"投、贷、服"金融服务体系，增强优质成果转化项目供给和发展资金供给，在中试产业基地形成"创投基金孵化＋产业基金跟投"基金体系、"项目早期孵化＋企业成长加速＋并购整合上市"融资体系的良性循环，实现引导基金与中试产业基地发展互利共生、相互成就。如苏州元禾控股作为苏州工业园区的国资创投平台，承担为园区引进培育优质项目的重任，以多工具组合、"软硬件"结合为特色的"重型"投融资服务，成为园区产业生态系统优化升级的重要推手。

五是价值链全过程管理能力，即从"成果转化服务"到"企业孵化育成"，建立"一竿到底"的"价值链"增值承载能力。 中试产业要构建"成果转化服务集聚区＋创新团队孵化集聚区＋产业园区承载聚集区""三区联动"的科技成果价值承载体系，推动科技成果从"试验场"走向"大市场"。如安徽科创馆打造"核心＋基地＋网络"的科技成果就近转化体系，以安徽科创馆为核心集中推动科技成果的展示推广、对接路演、转化交易，以科创馆分中心为基地链接更多科技成果在安徽各地孵化器转化育成，最终落地产业园区壮大发展，形成就地交易、就地转化、就地应用"三就地"成果价值承载体系。

综合而言，中试产业在产业创新体系中具备系统集成创新、人才全链条培育、需求共享、资金链产业链双链伴生、价值链全过程管理等多方面的能力结构，为科技创新和现代化产业体系的构建提供了坚实的理论和实践支持。

3. 青白江区中试产业理论的提出和生成逻辑

青白江区在实践中推进中试发展，2022 年 4 月首次提出"中试产业"的概念①，将中试作为一种产业，在全国具有首创性。2023 年 7 月，习近平总书记来川视察时对四川工作作出重要指示，强调"在推进科技创新和科技成果转化上同时发力"。为深入贯彻落实习近平总书记对四川工作系列重要指示精神，围绕"四个发力"，坚持科技创新引领，突破科技成果产业化关键环节，锚定"科技成果转化能力明显提升、生态更加优化、引领带动增强"的总体目标，成都市人民政府出台了《成都市建设西部中试中心实施方案》。党中央有部署，青白江见行动。中共四川省委十二届五次全会明确提出，四川要实施前沿科技攻坚突破行动，全力推进人工智能、航空航天、先进装备、生物制造、清洁能源、先进材料等重大科技专项。青白江区坚定不移地把科技创新和科技成果转化作为发展"第一动力"，正在探索的中试产业是致力于形成一个推进科技创新和科技成果转化上同时发力的地方实践样本，以创新驱动为引领，以资源共享为特点，以成果转化为核心，构建形成科技创新、人才培养、小试中试、产业孵化、生产制造的全链条中试产业生态。其中，"科技创新"，是指强化科技创新源头供给，抢占产业链高点；"人才培养"，是指打造一批科技领军人才、科技服务人才和创新团队，实现人才链、产业链深度融合；"小试中试"，是指打造一批关键共性开放式试验平台，带动产业链上中下游、大中小企业融通创新；"产业孵化"，是指拉长产业链条，促进资源要素高效配置；"生产制造"，是指以科技成果转化培

---

① 青白江区委在 2022 年 4 月 20 日举办的"学习贯彻党的十九届六中全会精神区级领导干部和局级主要负责同志读书班暨全区经济运行分析会"首次提出"中试产业"的概念。

育行业龙头企业和"专精特新"企业，持续提升先进制造业的占比和能级。下一步，青白江区将牢牢把握新一轮科技革命和产业变革趋势，紧盯发展需求，坚持一切从实际出发，更加务实有效发展中试产业，更加注重促进科技成果转化，更加注重营造良好创新氛围，强化企业科技成果转化的主体地位，推动更多科技成果在地转化和产业化，推动供给侧和需求侧"双向奔赴"，形成现实生产力。

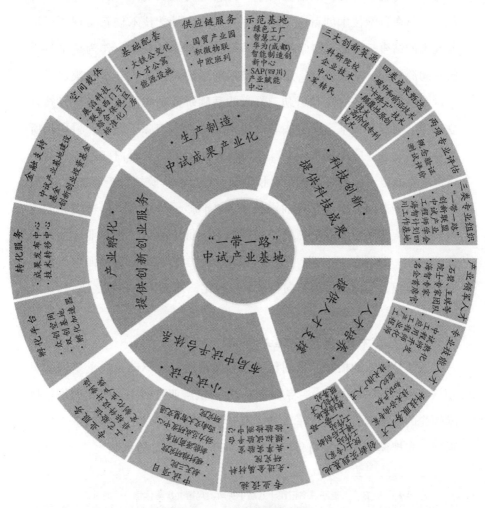

图1-1　中试产业生态链

3.1 科技创新铸魂领航

从全球范围看,科学技术越来越成为推动经济社会发展的主要力量,创新驱动是大势所趋。[①] 社会生产力发展和综合国力提高,最终取决于科技创新。[②] 在技术进步、经济增长过程中,科学技术创新有着十分突出的地位。因为科学技术要成为推动经济增长的主要力量,必须从知识形态转化为物质形态,从潜在的生产力转化为现实的生产力,而这一转化,正是在科学技术创新这一环节中实现的。科学技术创新实现了经济与技术的结合,因此,科学技术创新是技术进步的核心。作为整个科学技术的源头——基础研究,是所有技术问题的总机关,其水平决定了一个国家科技创新的底蕴和后劲,强大的基础研究是我们国家实现科技自立自强的前提和根基。而这些基础研究的主力军来源于高校和科研院所科技转化、企业应用技术创新、军民科技协同创新。青白江区提出的中试产业生态链,第一环节就是科技创新,通过科研院校、企业技术中心、军转民三个方向,重点聚焦前沿技术、"卡脖子"技术、颠覆性原创技术、高价值专利技术成果甄选,开展概念验证、测试评价专业评估,成立"一带一路"创新联盟、中试产业工程师学会、海智计划四川工作基地专业组织,助推科技创新向科技成果转化,发挥铸魂领航之效。

3.2 人才培养聚势强基

人才是创新的根基,是创新的核心要素,创新驱动实质上是人才驱动。[③] 所谓"千军易得,一将难求"。在中试产业发展中,要大力培养技术领先的科学家、科技领军人才、卓越工程师、高水平创新团队,加快形成一支规模宏大、富有创新精神、敢于承担风险的创新型人才队伍。

---

① 2013 年 9 月 30 日,习近平总书记在十八届中央政治局第九次集体学习时的讲话。
② 2013 年 3 月 4 日,习近平总书记在参加全国政协十二届一次会议科协、科技界委员联组讨论时的讲话。
③ 2014 年 8 月 18 日,习近平总书记在中央财经领导小组第七次会议上的讲话。

在实际中，创新型人才恰恰是实现创新驱动发展的"最大短板"。中试环节需要的人才既要具有很强的专业性，又要能够适应工程化和市场化的需求，我国还比较缺乏对于这类人员的培训系统和培养手段，往往从事科技成果转化或中试孵化的人员不具备相关的复合知识和能力，或者其仅掌握一部分技能和知识，很难有效地将科技成果转化为工程化的成熟成果或技术。科学家往往注重从 0—1 的原始技术研发，而从 1—100 需要进行中试放大，则需要工程师团队发挥重要作用。因为工程师团队既具有科研思维，能与专家院士有效沟通；同时又具备工程师思维，能够面对资源有限、条件不足的现状去实现现实目标。青白江区发展中试产业，坚持"不为所有、但为所用"的理念，在"人才培养"环节通过与石碧、王琪等院士专家团队、海智专家、名企首席官等产业领军人才合作，依靠他们解决企业发展过程中的"卡脖子"难题。注重完善育人机制，培养培训一批中试产业实操人才，如中试熟化工程师、应用开发工程师、产业化工程师等专业技能人才和技术咨询专家、知识产权经纪人、技术推广人才等科技服务人才。既加强培养培训，也注重实操实践，建立院士（专家）工作站、博士后创新工作站、"一带一路"教培基地、科创人才服务站等创新实践基地，保证中试产业人才发展，实现人尽其才。

3.3 小试中试共享发展

小试中试在科技创新和制造业发展的全过程中都扮演着关键角色，对科技成果实现产业化和推向市场具有至关重要的作用，其共享发展是中试产业的重要特征。中试基地借助共享经济理念，建立共享机制，突出市场导向，吸引一批高校、中小微科技型企业前来合作，促进资源最大化利用，释放出无限潜力。这背后需要强大的服务团队与优化技术支撑，包括设计与研发团队、工程化团队、市场开发团队、管理团队。青白江区通过"小试中试"环节布局中试平台体系，围绕新材料、新能源、装备制造等科技成果转化需求，打造"文澜智谷""340 科创空间"

和欧洲产业城三大中试基地，建设共享实验室、模拟实验平台、检验检测中心等专业设施，为科技成果顺利转化提供工艺验证、非标件设计制造、定制化生产线等专业服务。

3.4 产业孵化赋能增效

产业孵化是利用产学研把好的技术、产品孵化出来，通过搭建孵化平台，聚焦特定产业（技术）领域，为创新者、创业者与初创企业、中小企业嵌入产业链提供全链条孵化育成服务，进而孕育或加速新兴产业成长成熟的过程。就其本质来说，产业孵化并非着眼于个别企业的孵化培育，而是瞄准特定产业的孵化育成，是技术和产业融合创新、协同演化的结果。[1] 青白江区产业孵化环节，在孵化平台、转化服务、金融支持上为中试产业提供创新创业服务。通过建设众创空间、双创基地、孵化加速器等专业孵化平台，成果发布中心、技术转移中心为中试企业提供转化服务，成立中试产业基地建设基金、创新创业投资基金，强化"孵化＋投资"的服务功能，帮助企业无缝融入产业链，促进创新链与产业链的深度融合。

3.5 生产制造固本兴业

制造业是大国经济的"压舱石"，是国民经济的主体，是立国之本、兴国之器、强国之基，在世界产业分工格局中占据举足轻重的地位，它能稳链条、固本体、提质量。制造业是科技创新的主战场，推动制造业高质量发展，必须把创新摆在制造业发展全局的核心位置。高质量发展是中国式现代化的本质要求，制造业高质量发展是经济高质量发展的重中之重，是中国式现代化的底座和关键引擎。青白江区"生产制造"环节立足产业发展实际，以展滔科技、联晟西门子、综合保税区、标准化

---

[1] 郭名勇. 新发展格局下专业孵化器建设的逻辑体系［J］. 科技创业月刊，2023，36（05）：37－41.

厂房为空间载体，投资建设大铁公交化、人才公寓、能源设施等基础配套设施和服务，着力优化国贸产业园、成都积微物联集团股份有限公司、中欧班列等供应链服务，建设绿色工厂、智慧工厂、华为（成都）智能制造创新中心、SAP（四川）产业赋能中心等示范基地，加快围绕产业链部署创新链、围绕创新链布局产业链，破除阻碍科技成果向产业化转移转化的"篱笆墙"，实现创新链和产业链的深度耦合，加速科技成果向现实生产力转化，推动制造业发展。

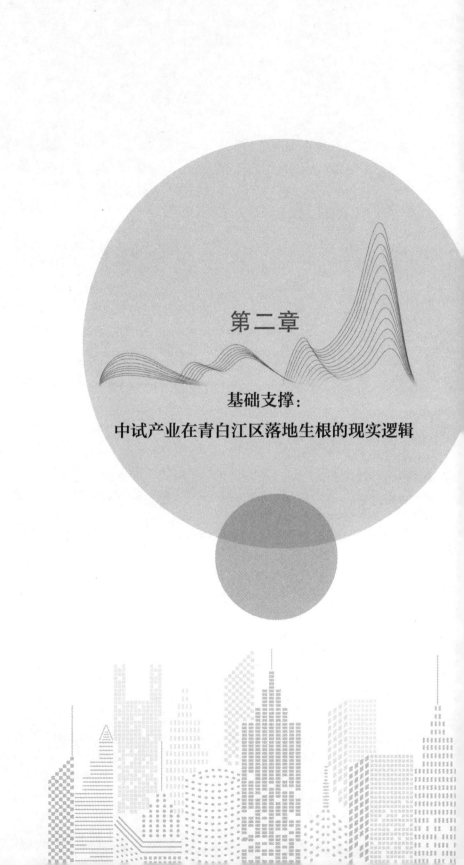

第二章

基础支撑：
中试产业在青白江区落地生根的现实逻辑

　　站在中国式现代化历史进程的高度上看，作为成都重要的传统老工业基地，青白江区选择中试产业作为贯彻落实创新驱动、促进产业转型升级的突破点，有其历史承继的必然性；作为成都都市圈重要的产业承载区，青白江区选择中试产业作为新型工业化的突破点，有其贯彻落实国家战略部署的责任担当；作为"一带一路"倡导的新型贸易关系的国内重要试点示范区，青白江区选择中试产业作为产业融合发展的重要抓手，具有实现高质量发展的现实需要。把握这三个方面的现实逻辑，才能明确青白江区发展中试产业的现实必然性。

| 第一节 |

要素基础：传统工业沉淀要素转化

　　青白江区是成都重要的传统老工业基地，连续 5 年获评全省县域经济发展先进区，上榜四项"全国百强"榜单，工业基础雄厚、产业门类齐全、能源支撑有力，有大规模非标件生产制造企业和熟练的技术工人，为发展壮大实体经济、推动产业转型升级提供了基础和可能。传统工业所沉淀的要素基础通过技术创新、人才培养、产业链整合等进行积极转化，为中试产业的发展提供了良好的要素基础。这主要体现在高层次的工业企业群体、高水平的工程技术人才群体、高载量的工业经济社会认知水平三个方面。

① 高层次的工业企业群体

青白江区是我国"一五"时期在西南地区规划建设的第一个工业区。在材料和装备制造等领域拥有良好的产业基础和明显的非标部件加工制造特征，有115家非标准部件加工制造企业，在区域内实现技术工程化的效率高、成本低，具有良好的中试基础条件，是成都市乃至四川省工业发展的重点区域。同时，青白江区具有比较完善的水、电、气能源基础，是川渝地区天然气主干网汇集之地，是成都市最大的天然气输配中心，中石油西南油气田分公司5条输气干管、中石化川西采输处9条输气干管，形成双气源供气格局。园区能源等配套管线齐备，要素保障能力较强，是产业聚集、城市拓展的基础，为工业发展提供动力。

建区伊始，青白江区以攀钢集团成都钢钒有限公司、四川化工厂为支撑。如今，经过六十余年的发展，青白江区拥有25个工业大类、74个工业中类、110个工业小类，形成了涵盖化工、冶金、建材、机械、新材料、新能源装备等多个领域的工业体系，集聚了成都天马铁路轴承有限公司、巨石集团成都有限公司、台玻成都玻璃有限公司、中国重汽集团成都王牌商用车有限公司、成都鼎泰新材料有限责任公司等各类工业企业1000余家。国家把冶金、化工、机械等重工业布局于此地，给青白江区留下了深厚的传统工业基础，同时集聚了丰富的、高层次的工业企业群体资源，工业企业涉及面与行业分布比较广泛，在金属材料、无机非金属材料、建筑材料、化工材料等领域具备一定实力和比较优势，一批在国内外享有较高知名度的企业纷纷落户生产。

一是以台玻、成都天马、成都鼎泰为代表的战略性新兴产业企业，是新材料、新能源、高端装备制造、生物医药等领域的领军企业，拥有核心技术和创新能力，对产业发展和转型升级具有重要影响。如台嘉公司的电子级玻璃纤维装备及产品、台玻公司的LOW-E镀膜玻璃设备及产品和瀚江的无甲醛超细玻璃棉技术水平处于国际领先地位。

专栏2-1　成都天马：国内轴承行业的"排头兵"

　　成都天马铁路轴承有限公司的前身是成都轴承厂，是国家"一五"时期在青白江区布局的老工业企业之一，后改制为成都天马铁路轴承有限公司，以风力发电机轴承、轨道交通轴承、工程机械用回转支承、轴承特钢材料为四大主导产品。

　　公司联合西南交通大学等高校，形成了高纯净轴承专用特钢材料自主研发能力，是国内轴承行业的"排头兵"，在高性能轴承材料、高精度装备、高端轴承制造技术等领域攻克了多个"卡脖子"技术难关，品质达到国际同类产品先进水平，累计获得近50件授权发明专利、200余件实用新型专利。多方汇聚科技人才，建立了一系列高效的人才激励机制，并与众多知名大学共同搭建材料工程、动力学仿真等技术人才培养平台，进一步提升创新人才水平。建成国家轴承监督检测西南分中心，不断开展轴承关键技术研发和产业化建设，成功打破国外技术封锁和市场垄断，实现了新型金属功能材料的产学研用一体化的目标。研制出高氮不锈轴承钢等特种材料，性能达到国际先进水平，可应用于最新型航空器核心部件，打破了国外技术封锁，为国防安全作出贡献；研制的大功率风电齿轮箱轴承、大型盾构机轴承等部分高端产品，使用寿命高于国际对标产品，现已实现进口替代，并广泛应用于我国航空航天、数控机床、风力发电等重大领域。

　　公司制造的铁路货车轴承在全国的市场份额达25%，市场占有率全国第一；风力发电轴承具备年产1.6万套生产能力，国内市场占有率及销量排名第一。同时配套美国GE、丹麦Vestas、德国Siemens等10多个国家和地区的知名企业，为世界清洁能源发展和环境保护提供了顶级解决方案；工程机械用回转支承具备年产2万套生产能力，年产量和销量位列国内外行业前3强，主要供应神钢、日立、马尼托瓦克、卡特彼勒等国内外大型机械制造企业。

专栏 2-2　成都鼎泰：全国最大钼产品生产基地

成都鼎泰新材料有限责任公司是成都虹波实业股份有限公司为实现厦钨集团公司发展战略目标而设立的全资子公司，属于国有控股企业，注册资本 13000 万元。公司具有年产 10000 吨钼新材料的生产能力，采用国际绿色环保的钼产品生产工艺、全流程智能控制，生产工艺在国际处于领先地位。公司主要产品为钼的氧化物、钼的化合物、掺杂高温钼合金、钼铼合金、钼镧合金等钼新材料。广泛应用于电真空、电光源、光伏、LED、高温设备、医疗设备、兵器装备以及航空、航天、化工、核工业领域，现有员工 280 人，大专及以上学历人员 182 名，拥有专业技术研发人员约 40 名。公司先后与中南大学、昆明理工大学等院校进行钼产品技术提升合作，其中与中南大学联合研发的"钼冶金新工艺——低品质钼焙砂制备高纯钼酸铵的清洁冶金新技术"，获得 2021 年中国有色金属工业科学技术一等奖，并与中南大学联合建立研究生培养基地。

成都鼎泰于 2022 年 6 月投产年销售收入 11.9 亿元；2023 年销售收入 34 亿元，上缴税金 3365 万元，利润 6196 万元，并于 2023 年先后通过职业健康安全管理、质量管理、环境管理、两化融合管理、能源管理等相关体系认证。

经中国有色金属工业协会钼业分会统计，鼎泰公司产品销售位居全国前列，为全国最大钼产品生产基地。

二是以华鼎国联四川动力电池有限责任公司和成都优芯微科技有限公司为代表的高新技术企业，经过国家认定，具有较高的技术含量和创新能力，是推动技术创新和产业升级的重要力量。位于欧洲产业城的华鼎国联动力电池有限公司由华鼎新动力基金与国家动力电池创新中心合资成立。2017 年，结合四川产业升级规划需要，华鼎国联在成都市青白江区启动建设华鼎国联锂电项目，是国家动力电池创新中心首个产业孵化项目和四川省重点支持项目。该公司为高新技术企业、新经济"双百"企业、省级"专精特新"企业、2022年成都市制造业百强企业、市级企业技术中心和区级中试平台企业。同样位于欧洲产业城的成都优芯微科技有限公司是一家集研发、生产、营销售后服务为一体的高科技民营企业，核心团队由海外归国人士及本土精英组成，拥有自主核心技术和可持续研发能力、丰富的行业技术沉淀与敏锐的国际视野，2022年获高新技术企业称号，长期致力于自助服务和人机交互终端的研发和生产。

三是以玉湖冷链为代表的链主企业，对区域经济发展和产业升级具有重要推动作用。玉湖冷链是玉湖集团旗下的冷链食品供应链企业，于2021年落户青白江，位于成都国际铁路港，是成都国家骨干冷链物流基地的重要组成部分，提升了成都对冷链产业链上下游企业的吸引力，为冷链物流园区、冷链贸易和冷链城市配送等板块带来新一轮发展机遇。玉湖冷链依托自有的国际高标准数智化冷链园区产业集群，大力发展B2B、B2C业务，提升园区整体商业价值和社会效益。打造以全温区仓储、批发与零售平台、电子商务平台、冷链物流、总部办公等功能配套于一体的综合现代服务业产业园。提供一站式国内外代采、仓配物流解决方案、全链路创新金融支持、高品质生活办公服务，打造线下流通标准，赋能线上数智贸易，构建双循环产业生态，以数字化新基建助力国家产业转型与民生改善，成为外资企业研发制造并重的代表，将充分发挥链主企业优势，引领百余家海内外食材供应、组织及配套服务领先企业共同入驻，形成产业集聚效应，打造中国西部冷链产业高地。同时汇聚运力资源，提高物流运作效率，为青白江区及成都相关产业建圈强链赋能，共建冷链生态圈，赋能产业发展。

四是以积微物联为代表的大型骨干企业，其产业链完善、实力雄厚，是区域经济发展的重要支撑。积微物联以建设专业化物流园综合体、打造产业互联网整合平台、发展供应链业务，实现产业生态链各节点的融合，是行业领先的大宗商品生态型服务平台企业，以平台经济和共享经济为核心构建商业模式，以技术驱动构建独具特色的产业互联网平台和大宗商品产业链集成服务生态圈，注重新技术的创新应用和落地实践，与清华四川能源互联网研究院、电子科大、浙大网新、攀钢集团、阿里云、华为、中国移动等在区块链应用、云计算智慧产业、数字化研究院、智慧园区、工业互联网创新、5G 领域等方面都有合作，引领行业转型升级，助推实体经济高质量发展。

五是以成都蜀虹装备制造股份有限公司为代表的"专精特新"企业，在非标建设这个特定领域具有很强的专业优势、特色优势和创新能力，为推动产业细分领域发展提供重要力量。2023 年，蜀虹装备入选国家级专精特新"小巨人"企业。蜀虹装备是高新技术企业，成都市知识产权优势培育企业、成都市百强民营企业，是研发、生产与销售有色金属线材智能制造设备及高端零部件加工与服务的高新技术企业，也是国内一流、在国际上有重要影响力的提供有色金属线材生产系统综合解决方案的头部企业。企业高度重视技术创新工作，坚持把创新放在第一位，通过硕博工作站的建设，全面深化校企合作，设立的企业技术中心为四川省企业技术中心。从深耕有色金属压延领域的大型设备制造到布局新材料研发领域，依托科技创新破解"卡脖子"难题，成为国内首家实现 PPS 薄膜量产的企业，获得 4 项国家专利技术，授权专利 40 余项，已形成日产 30 万平方米的规模化产能。

此外，落户欧洲产业城的有全球规模最大的玻璃纤维制造商巨石成都，入选国家级智能制造优秀场景；有中国智能电器领军企业康佳集团，打造了蓉欧科创智谷高品质科创空间的承载平台；还有始终坚持自主研发、科技创新，为世界高端机械制造业注入强大动力的成都天马铁路轴承有限公司等。这些工业企业群体在技术研发、市场开拓、品牌建设等方面具有较强实力和优势，对区域经济发展和转型升级具有重要推动作用。

图 2-1 积微物联

2. 高水平的工程技术人才群体

2023年，习近平总书记来川视察时强调，四川要发挥高校和科研机构众多、创新人才集聚的优势，以及产业体系较为完善、产业基础雄厚的优势，在科技创新和科技成果转化上同时发力，并赋予四川"着力打造西部地区创新高地"的战略使命。

青白江区背靠四川134所普通高校（58所位于成都）、57所本科高校（27所位于成都）、8所"双一流"高校（7所位于成都），包含国家级和省部级科技创新平台562个，是青白江区探索发展中试的外部有利条件。同时，青白江区两小时内可到达德阳高端能源装备产业集群东方汽轮机厂、东方电机、国机重装等重点链主企业和绵阳中国工程物理研究院等科研机构，可以挖掘的潜在中试项目、中试人才等较为丰富。同时，四川是三线建设主战场，建成了300多家以国防科技为主的企业单位和科研院所。据统计，全省技能人才已达1056.4万人，高技能人才超过226.7万人，这些都为青白江发展中试产业提供了丰富的工程师、工匠等人才储备。

这些资源优势和基础为青白江区储备了一大批高水平工程技术人

才，主要包括高级工程师、研究员、设计师等，他们不仅具备专业的技能和知识，还拥有丰富的实践经验，能够为企业的技术创新和产业升级提供强有力的支持。这一技术人才群体，或具有深厚的技术功底和丰富的实践经验，能够承担复杂的技术研发和工程项目；或具备较高的学术水平和研究能力，能够开展创新性的科学研究和技术开发工作；或在产品设计、建筑设计和工程设计等领域具有专业知识和创意能力，能够设计出高品质的产品或建筑；或具备全面的项目管理能力和领导才能，能够高效地组织、协调和管理技术团队完成大型工程项目；或在生产制造领域具有精湛的工艺技术和丰富的实践经验，能够为生产流程的优化和改进提供技术支持；或具备严格的质量管理理念和实践经验，能够为产品和服务的品质保障提供技术支持；或在某一领域具有专业化的技能和知识，能够为生产制造、工程实施等领域提供技术服务和支持。

比如，2014—2015年，由于川化、攀成钢等国有企业关停并转和落后产能有序退出，1万余名员工分流。这些员工中中级工以上约4000人，正高级工程师占比0.5%，高级工程师占比4.5%，中级工程师占比15%，高级技师占比0.6%，技师占比5%，高级工占比18%，中级工占比50%，其余为初级工、普通工人、配套服务工人。专业技能型人才占比相对较高，超过三成均为专业技术人员，其中还有较大一部分人员具有中级及以上职称，这些员工具有一定的专业能力和经验，有效充实了青白江区工业产业技能型人才队伍。另外，分流职工平均年龄为45岁，平均工龄为24年，意味着在整个就业队伍中，他们经验丰富，能有效解决现实生产中出现的问题。这为青白江区工业产业领域的进一步发展提供了坚实的人才支撑。

近年来，青白江区柔性引进石碧、王琪等院士、专家团队，联合在蓉高校成立成都新材料学会，以会地共建方式建设先进材料中试产业城，汇聚技术咨询等领域专家220余名，同步举办中国工程院院士西南行等高端人才活动，吸引曲久辉等14名院士参与。同时，整合四川建筑职业技术学院、成都市工程职业技术学校等院校教育教学资源和巨石、正西等企业技术研发优势，促进"产教训"深度融合，累计培养工业设计、机械加工等专业技术工人 6000 余名，培育"四川工匠""成都工匠"62 名。

3. 高载量的工业经济社会认知水平

青白江区因工业立区，并因工业发展壮大而兴盛，工业的集聚和发展曾经给这座城市以无限荣耀，经历历史发展脉络的多个高光时刻。伴随着工业经济的稳步发展，具备较高载量的工业经济社会认知水平，主要体现在：青白江区高度重视工业发展，充分认识到应厚植工业优势，持续采取一系列措施，坚定不移促进工业经济的转型升级和高质量发展。这不仅是政策的指向，更是青白江区社会的共识。在青白江区推进新型工业化建设，具有得天独厚的社会条件。

一是持续优化产业结构。 转换思路，放弃单纯强调工业总产值、GDP 的增长方式，转为鼓励自主创新，积极推进产业结构调整，加快传统产业升级和新兴产业发展，重点发展先进制造业、现代服务业和现代农业，打造多元化的产业体系。通过结构调整，经济发展与生态环境更加和谐，人民生活水平进一步提高，能源与原材料的支撑能力也显著增强。下一步，青白江区将依托独有的开放优势，着力构建以先进制造业为骨干的现代化产业体系，推动老工业基地焕发新活力。

二是持续加强科技创新。 鼓励企业加强科技创新，加大研发投入，引进和培育高层次人才，推动科技成果转化和应用，提升产业的核心竞争力。鼓励企业在实践中探索工业经济发展的新模式和新路径。通过实际操作和经验总结，增强对工业经济的理解和把握，提高社会对工业经济的认知水平。积极服务中欧班列和西部陆海新通道建设，聚焦智能家电、机器人等重点产业建圈强链、提质发展，加快打造欧亚出口导向型先进制造业基地，大力招引 TCL、康佳等龙头企业发展"适铁适欧"临港制造业，支持巨石、天马轴承、重汽等企业运筹国际国内资源，积极开拓抢占国际市场，支持华为、SAP等数字企业赋能蜀虹装备等传统企业降本增效。充分挖掘和利用成都装备制造产业创新资源富集，拥有四川大学、电子科技大学等高校院所联合建设高能级创新平台等潜在创新资源，作为成德眉资产业生态圈的重点区域，充分借助位于德阳的高端能源装备产业集群东方汽轮机厂、东方电机、国机重装等重点链主企业和位于绵阳的中国工程物理研究院等科研机构，以全面深化科技体制改革为关键，充分激发创新主体活力动力。建立新型协同创新机制，推动形成龙头企业、高校和科研院所、各创新主体协同发展的创新联合体，实现从分散式创新向系统性创新的转变。

三是持续优化营商环境。通过深化科研领域"放管服"改革，制定经费使用"包干制"、创新科技人才评价体系等一系列激励制度，使得创新环境逐步优化，科研人员能把主要精力都放在科研上。积极构建与国际通行规则相衔接的营商环境制度体系，迭代升级出台6个版本营商环境政策，系统推出1100余项改革举措，更大力度集聚创新资源要素、提升创新活动效率，积极营造有利于创新、创业、创造的良好发展环境，四次获评"中国营商环境质量十佳区"，蝉联"中国国际化营商环境建设示范区"，获评"中国国际化营商环境建设标杆城区"。市场环境宽松公平，依托自贸区实施商事登记确认制改革，全国首创企业开办阅读式"无感申报"模式，全省率先探索"一址一证"同业准入承诺制，实现"快速准入、高效准营"；工程建设项目全流程并联审批时间压缩至40个工作日内，全国率先推行涉水审批"五合一"共享式服务，全省率先实施工程建设项目信用承诺审批服务模式，项目"交地即交证""拿地即开工""竣工即投产"。法治环境稳定可期，全国率先实施"一单四库"市场监管新模式和网络交易"信用沙盒"监管创新试点，建成全国首个以服务"铁路港"为特色的自贸区法律服务中心，破产企业环境权益保障机制工作经验入选"四川省优化营商环境经验做法（第十批）"。政务环境高效便捷，持续深化"一网通办"等改革，依申请类政务服务事项

100%"最多跑一次"、99.2%"可全程网办";建成"青松办"智慧政务平台,创新"数字政务地图""无感续证"等服务模式,相关案例入选"全国区县政府网站'十佳'优秀创新案例";推进"高效办成一件事",做实做优"开办餐饮店一件事""开办运输企业一件事"国家试点,相关工作经验被四川省政府官网推广。

四是持续推动绿色发展。注重生态环境保护,推动工业绿色发展,加强节能减排和资源循环利用,促进产业与生态的和谐共生。以建设践行新发展理念的公园城市示范区为统领,围绕动力电池、风电、氢能等绿色低碳产业建圈强链,推动新能源产业快速发展。集聚天高机电、华鼎国联动力等骨干企业,高效稳定的中欧班列成为连通亚欧大陆的主要桥梁和绿色通道,以成都天马精密机械为例,公司生产的风电轴承产品出口多国。在双碳目标的引领下,成都加快推动新能源产业的创新布局,组建天府永兴实验室,汇聚新能源产业国家级创新平台及分支机构7个,知名高校、科研院所共建新型研发机构6个,市级产学研联合实验室、工程技术研究中心等创新平台11个,未来绿色技术中试项目来源丰富。

五是持续扩大开放合作。积极参与国际国内经济合作与交流,引进外资和先进技术,拓展海外市场,提升产业的国际竞争力。积极推进与"一带一路"沿线国家和地区贸易往来和国际合作,区域国际知名度和影响力显著提升。国际外事交往日益密切。接待奥地利、厄立特里亚等国家元首和驻华使领馆官员300余批3000余人次,不断推进与波兰奥斯特鲁夫市等城市友好合作。建设启用中国南亚国家应急物资储备库。打造城厢天府文化古城、元宇宙数字文化产业园等对外文化交流载体,积极开展TST国际街舞赛等文化交流活动,承办成都第31届世界大学生夏季运动会篮球小组赛等国际赛事。国际经贸往来持续扩大。联合中白工业园等8国11园区组建"一带一路"产业园区联盟,依托亚蓉欧国家（商品）馆集群构建"在蓉城、逛全球"消费新场景。落地四川省首笔合格境外有限合伙人（QFLP）境内股权投资试点。外商投资企业数量增加至 139 家。与 100 余个国家和地区建立经贸往来，获评"国家进口贸易促进创新示范区"。国际传播能力有效提升。"一带一路"等相关外宣活动被中央级媒体报道约 7000 条、涉外媒体报道约 4000 余条，率先打造区（市）县级外语短视频栏目，开通海外社交账号"Qingbaijiang Plus"与"一带一路"国际频道，覆盖全球 70 多个国家和地区。连续 5 年获评"四川省县域经济发展先进区"，连续跻身全国综合实力百强区、全国投资潜力百强区、全国绿色发展百强区、全国科技创新百强区四大"全国百强"榜单。

| 第二节 |

技术基础：数智融合下新产业的孕育发展

在当今数字化浪潮的推动下，技术基础成为塑造新产业、推动经济发展的核心。习近平总书记指出，面对新一轮科技革命和产业变革，我们必须抢抓机遇，加大创新力度，培育壮大新兴产业，超前布局建设未来产业，完善现代化产业体系。数智融合的时代为新兴产业的孕育和发展提供了丰富的条件和机遇。成熟的企业中试基地、活跃的企业工程技术创新以及快速发展的产业数字化，为青白江区数智融合支撑新产业蓬勃发展创造了有力的技术基础。

1. 成熟的企业中试基地

青白江区成熟的企业中试基地包括文澜智谷中试平台、340 科创园中试平台和欧洲产业城金汇能中试平台。这些中试基地依托青白江区的陆港枢纽优势，不断完善"科技创新、人才培养、小试中试、产业孵化、生产制造"全链条产业生态，以科技成果转化推动成都产业建圈强链部署落地落实。

1.1 文澜智谷：新材料原创科技成果转化集成创新

文澜智谷中试平台是聚焦先进高分子材料、绿色低碳技术等新材料领域，依托碳中和中试产业基地、高性能高分子研究中心等创新载体，打造高校和科研院所科技成果转化示范基地。由成都文澜国创科技有限公司建设运营，区国有资产投资经营有限公司为代表的国有资本参与打造。将规划建设中试研发区、中试熟化区、中试产业区及中试共享办公区，为科技成果转化提供全方位软硬件双重保障。"文澜智谷"中试产业基地通过不断探索，形成了一套成熟的中试基地建设路径。

图 2-2　文澜智谷中试平台布局图

图 2-3　文澜智谷中试产业基地

一是适度放权，设立统筹全局的技术中心。市场机会稍纵即逝，只有在保证决策质量的前提下提高决策效率，才能更好地适应市场变化。为提高技术创新与成果落地的效率，一方面依托单位应适当授权放权，将中试项目决策权授予技术部门，提高一线项目管理层的相对独立性。另一方面，要推动授权放权清单化，定期优化清单，便于操作。为此，文澜智谷成立了技术中心，负责中试项目的实施和管理，不仅主导项目申报，统筹项目开展，还独立管理每年拨付的中试项目研发经费，掌控研发经费的预算、使用和报销。为避免出现违规现象，管理制度明确规定了经费责任主体，由项目负责人对各项支出的真实性、合法性、必要性负责。建立知识产权"先试用、后付费"绿色通道，与高校科研院所建立专利试用体系，通过中试验证后确立知识产权价值。这些规定在"收放有度"的前提下，建立由技术中心牵头，财务中心、采购中心等部门共同参与、协同管理机制，重新配置技术部门和非技术部门之间的权责比重，激发项目运转的活力。

二是灵活办事，建立特事特办的应变机制。正如现代管理学之父德鲁克所说，管理只有两个目的：降低成本、提高效率。以市场为导向的中试机构更应提高管理效率，以保障中试项目顺利推进为宗旨，以灵活变通为准则。文澜智谷在中试项目管理制度中贯彻了以上两个要点，制定了三条规章：建立了一套由项目人员标列物料清单、由采购中心和财务中心采购付款的流程体系，缩短了审批周期；制定了"特事特办、一事一议"的采购机制，项目研发急需的设备和耗材可不走一般招投标程序，为紧急情况开辟绿色通道；明晰了出入库管理细则，设备耗材经采购后仅可用于中试研发项目，由专人负责独立出入库管理，其余项目因实际工作开展确实需要调用中试项目相关设备的，可向中试项目负责人提出领用。这三条规章不仅设立了及时应变的审理准则，还厘清了各个项目硬件物资的使用权限，有效地节约了管理成本，提高了转化效率。

三是包容失败，完善成果验收和激励制度。中试并不是简单的生产模拟，而是对尚不完善的科研项目进行验证、二次开发和创新，具有风险性。因此，中试机构不能仅以利润率和回报率为衡量标准，应建立起具有"容错性"的项目成果验收与评估制度，给予技术部门敢于试错的空间。在文澜智谷的管理制度中，明确规定了中试督导评估与指标筛选的要求，对不具有落地价值的项目，由行业专家判断是否终止，评定成果时不追究科研人员的责任。除此之外，技术部门掌握人事管理权，既能直接提出技术人员的招聘条件，又能在人员入职后负责岗位分配、日常管理与考核。在项目推进中，负责人可以根据实际情况为参与人员申报绩效发放；当项目完成时，可使用部分结余研发经费为项目人员发放绩效，并建立股权激励制度。这一管理制度，力图通过外引内培的方式优化人才结构，建立适应中试项目发展的人才激励机制。

四是引进人才，打造"科研型"工程师团队。为实现实验室成果向市场化产品的落地，需要引进具备科研思维的复合型人才，组建"科研型"中试工程师团队，充分利用团队自身的专业能力及中试机构的科创资源，对实验室成果进行小试、中试等验证环节，在此过程中改进生产线、调整技术路线、适配市场需求，从根本上助力科技成果转化。文澜智谷通过十几年的探索，组建了一支多学科融合并具备科研思维的工程师转化团队，现已有近百人规模。该团队牵头主导了市场调研、数据收集到中试装置等工程验证环节，攻克了安全环保和工程难题，转化的项目成果获得了国家技术发明奖、中国专利金奖等多个奖项。

专栏 2 -3　文澜智谷：青白江中试平台引领者

> 文澜智谷中试平台作为成都市青白江区首批中试平台，主要聚焦新材料与碳中和赛道，坚持市场导向和场景牵引，开展社会化中试服务，面向高校、科研院所及相关企业提供中试产业全链条服务，助力成都新质生产力加速生成，在科技成果转化和科技创新上持续发力。
>
> 目前已为来自四川大学、上海交通大学、西南石油大学、西华大学、成都中医药大学、美国西北大学在内的多家高校的 10 余个高校科研团队，近 30 位科研人员提供中试服务，并顺利完成了 10 余项科研成果转化，成功孵化企业 8 家，获国家授权专利 73 项，国际领先技术成果鉴定 3 项，牵头制定国家标准 1 项。

1.2　340 科创园：锻造中试产业的人才团队

340 科创园的名字来源于攀成钢生产的钢管，其内径为 340 毫米。这种钢管是攀成钢专为石油公司定制的石油输送管道，代表攀成钢的核心竞争力。340 科创园的名字既是对攀成钢历史的铭记，也是青白江区创新驱动的再出发。这个空间承载了攀成钢 340 连轧生产线的历史，成为青白江区工程科技创新的策源地。

340 科创园是以成都材料院为代表，聚焦钒钛新材料、钛基先进金属材料、先进高强钢、特种金属材料等装备制造领域，依托攀钢创新资源、先进金属材料研究院，打造企业应用技术创新成果转化示范基地。340 科创园以深化科技改革创新、培育中试产业文化、构建"产学研金用"高度融合的成果孵化体系为目标。

科改示范激活企业人力资源。成都材料院通过实施科技创新，实现了体制改革突破，变成一个真正的市场主体、一个公共的服务品牌。尤其是对特殊人才、高层次人才采取"一事一议"，按市场薪酬计算待遇的灵活人才机制体制，迅速建立起新材料中试基地研发团队，而且降低了科研成本，缩短了科技成果产业化的周期。采用市场化的人才选聘机制，吸引了高层次研发人员，形成真心爱才、倾心引才、精心用才的良好氛围，促进了区域产业的创新发展。

培育中试产业文化。成都材料院通过构建企业文化，以"事业留人、情感留人、待遇留人、制度留人、文化留人"为核心，提供全方位的关怀和支持。赋予人才科研自主权，对科研人员进行人文关怀，制定个性化人才培养方案，充分挖掘人才潜能。

构建"产学研金用"高度融合的成果孵化体系。成都材料院建立了差异化考核评价体系，综合运用科技项目收益分红、经理层超额利润分享、技术创新效益分享、产线项目收益分享等激励机制，差异化精准实施中长期激励机制；通过项目负责制，全面推行"放管服"改革，授予项目负责人创新团队自主组建权、项目经费审批权等创新资源支配权，以及技术路线决策权，实现"人、财、物"等创新资源高效快捷配置，培育了一支高效的科研团队。同时，构建科技成果转化机制，培育行业"隐形冠军"，推动科技成果的快速应用。

1.3 欧洲产业城中试赛道创新

青白江区在区域经济发展中独辟蹊径，依托成都国际铁路港，建设"一带一路"国际产业合作的产业功能区，瞄准新材料、智能电器、绿色低碳等进出口加工贸易主导产业，打造亚蓉欧适铁临港智能制造基地，聚焦新型储能、海洋风电等新能源领域，依托航天赛博研究院、华鼎国联、金汇能、天马精密等重点企业，打造军民科技协同创新成果双向转化示范基地。

图 2 - 4 欧洲产业城

市场需求推动产业发展。欧洲产业城选择了新能源（动力电池）技术作为发展方向，准确把握市场需求。动力电池产业在全球范围内持续增长，特别是在新能源汽车领域，市场规模庞大。对市场需求的敏感性使欧洲产业城能够在新能源领域找到有利的发展机会。

引入龙头企业激活市场。欧洲产业城通过引进金汇能等龙头企业，形成了新能源电池产业链，从研发到生产制造形成完整的产业生态系统。政府的投资基金起到了激活市场的作用，也为企业提供了有力支持，使其在新能源领域取得显著成绩。

科学战略眼光和勇于开拓市场。青白江区的战略选择表现出科学的战略眼光，选择了新能源产业，为产业建设提供了战略支持。同时，青白江区政府在金汇能等企业的引进中展现了勇于开拓市场的决心，为企业提供了财政支持和政策支持。

以人才为核心竞争力。欧洲产业城通过引进高端科技人才，如成会明院士和吴云胜博士等，为中试产业提供了强有力的技术支持。在新兴产业领域，人才的引进是产业竞争制胜的关键，尤其是高端科技人才对中试产业的发展至关重要。

市场效应吸引行业领军人才。通过创造良好的市场预期，欧洲产业城成功吸引到行业领军人才。如吴云胜博士，他的加入进一步推动了中试产业的创新发展。市场效应的形成使得产业城具备了吸引高水平人才的优越条件。

政府支持和风险共担。青白江区政府对金汇能等企业提供了不少的投资基金，展现了对新能源技术发展的信心和支持。政府的投资既是对企业的支持，也是对市场的风险共担，这种机制在新兴领域的产业发展中显得尤为重要。

科技创新和产业协同发展。通过建立中试基地，形成科技创新平台，实现产学研合作，欧洲产业城促进了硅基/钠电中试平台等研发工作。同时，金汇能公司的发展也形成了与周边企业的协同发展，形成了新能源中试产业市场的核心竞争力。

欧洲产业城在新能源领域的中试赛道创新中，通过市场导向、引入龙头企业、科学战略眼光、人才引进、政府支持、市场效应和科技创新等多个方面的综合作用，成功搭建了一个有活力、有潜力的中试产业基地，为地方经济的快速发展提供了新的动力和机遇。

2. 活跃的企业工程技术创新

企业的创新力是城市经济社会发展的助推剂。近年来，青白江区坚持把企业培育作为赋能高质量发展的重要抓手，大力实施政策引导、梯度培育、优化服务等措施，助力向单打冠军、隐形冠军、小巨人冲刺，加快向瞪羚、独角兽、上市企业转化，让高新技术企业真正成为彰显区域经济发展的"领头雁"，形成了产业创新集群发展的"雁阵格局"。2023年，上线全国首个中试产业服务平台，招引落地中试研发类项目20个，推动45项科技成果在地中试熟化。新增市级以上科技创新平台7个，推动成都新材料创新发展研究院等3个科研机构落地，先进金属材料研究院、文澜智谷双双入围全市首批中试平台。引育国家和省市级高层次人才（团队）85人，新增专业技术人才608人。加大科技创新企业梯度培育，新培育省级创新型中小企业 38 家、国家级科技型中小企业 82 家、国家高新技术企业 35 家，和乐门业获批国家知识产权优势企业，全区技术合同登记额增长 23.8%。

图 2 - 5   成都先进金属材料产业技术研究院

同时，青白江区拥有一些知名的科研机构，包括成都先进金属材料产业技术研究院、高性能高分子材料研究中心、成会明院士工作站电池负极材料创新中心、航天天马成都研究院等。辖区企业拥有国家省市级企业技术中心 31 家，省级工程实验室 1 个，省市级工程技术研究中心 7 个，市级产学研联合实验室 4 个，省市级院士（专家）创新工作站 5 个，检验检测机构 11 家，知识产权服务平台 1 个（蓉欧国际知识产权大数据运营服务平台），双创载体平台 2 个（盛华企业园、蓉欧新经济创新产业园）。此外，青白江区因其地理优势不仅能够快速链接成都本地的高校资源，近年来也屡获全国优质科研资源的瞩目。

专栏 2 - 4   成都材料院：钒钛特钢新材料产业创新排头兵

成都材料院成立于 2017 年 6 月，是鞍钢集团、攀钢集团新材料国家级研发平台；围绕航空航天、海工舰船、武器装备、能源交通等发展需求，聚焦钒钛新材料、特种金属材料以及非传统新材料等高端材料及其零部件的研发与应用研究；2020 年 4 月入选国家"科改示范企业"，现已认定为国家高新技术企业、国家知识产权优势企业。

成都材料院现有员工 180 余人，其中科研技术人员 160 余人，硕士、博士占比 70% 以上。现有实验室仪器设备 130 余台套。坚持科技创新与成果转化同时发力，已建成球形钛粉制备、特种丝材制备、精密管材制备等 4 条科研中试线。2023 年全年营业总收入突破 2 亿元，科技创业中试产品实现市场销售突破 1000 万元。

专栏 2 - 5　创新引领永益泵业　"泵"发新生

成都永益泵业股份有限公司（简称"永益泵业"）是一家青白江区土生土长、专门生产各种"泵"的制造型企业，企业占地面积 30 亩，在"创新驱动发展"理念下支撑下，已经成长为行业隐形冠军，其产品进入云天化、龙佰集团、贵州磷化集团、南方有色、川发龙蟒、中国铜业等多个行业龙头企业。

产品质量的创新，从"金属泵"到"碳纤维泵"。市面上的机泵设备绝大多数为金属泵，与酸反应后，都会出现易腐蚀、易磨损、使用寿命短等问题。为解决这一问题，永益泵业开启了新产品——新型碳纤维复合材料泵的研发。经过一年多的尝试，公司独立研发出了新型碳纤维复合材料泵，并通过市场检验，边用边改，边改边提升，终于掌握了新产品核心制造技术，并逐步形成一批专利技术积累。如今，其生产的新型碳纤维复合材料泵在高温、高酸、高固的"三高"环境中生产，寿命是金属泵的 5—10 倍，而与国外同类产品相比，价格便宜 70% 左右，成功填补了国内空白。

服务效能的创新，从"单一售后"到"管家式服务"。在国内，机械加工制造能力过剩是一个不争的事实。随着大批同类产品制造企业的出现，一系列新问题开始凸显。通过收集广大客户的意见以及多年实践经验的积累，永益泵业管理团队认为机泵设备主要存在突发故障频发、检修效率低下、备件库存臃肿无效等问题。不论用户在机泵专业技术方面下多大功夫，操作不规范、预防维护不到位、隐患识别和排除不及时，都会导致各种故障突发。为解决这一问题，永益泵业通过吸纳川化、攀成钢等分流出来的优秀技术人员和产业工人，利用自身企业在制造、安装和维修方面积累的丰富经验，在行业内首创了集"品牌、产品、技术、服务、物流、仓库、维保"于一体的全天候"管家式"服务模式。该模式既开拓了装置型企业设备维护维修外包服务市场，还达到了收取外包服务费、销售产品零配件、增强与客户关系等多重目的。这很快成为公司一个新的利润增长点，在行业中的影响力和知名度也一炮打响。

3. 快速发展的产业数字化

习近平总书记就推进新型工业化提出，"要把高质量发展的要求贯穿新型工业化全过程，把建设制造强国同发展数字经济、产业信息化等有机结合，为中国式现代化构筑强大物质技术基础"[①]。产业数字化是传统行业利用数字技术优化业务模式、服务模式、商业模式的过程。青白江区在推动老工业基地转型升级的过程中，深刻认识到产业数字化发展的重要性。通过推动工业互联网基础设施建设，强化提升网络、平台、安全三大功能体系赋能能力，培育工业互联网创建解决方案、标杆企业，大力推动数字化车间和智能工厂建设，初步形成"点—线—面"融合应用的良好局面，有力地提升了工业互联网建设及应用水平，实体经济与

---

① 习近平. 把高质量发展的要求贯穿新型工业化全过程［N］. 人民邮电，2023 - 09 - 26（001）.

工业互联网相互促进、同步提升的良好格局加速形成。在 2022 中国城市产业发展论坛上，青白江区获评"2022 产业数字化发展标杆城市"。2023 年，强化数实融合，加快推进传统企业数字化转型，实现 1050 家企业上云。

一是开放的数字经济发展生态。按照成都市工业互联网发展工作安排，结合青白江区产业特点和转型需求，制定了《成都市青白江区数字经济发展三年行动计划（2021—2023 年）》，提出"1133N"的总体发展思路。也就是以系统谋划、积极培育开放的数字经济发展生态为总目标，打造 1 个数字经济创新发展集聚区，围绕"国际供应链、智能制造、绿色发展"三大领域，实施"数字基础设施能级提升、产业数字化转型赋能、智慧化治理能力提升"三大重点任务，启动 N 项数字应用场景示范工程。青白江区 5G 网络已实现对主城区、产业功能区、商圈、景区、主要道路的全覆盖。为积极响应"东数西算"国家发展战略，青白江区引进了西南云计算产业基地、远洋大数据生态产业园等重大项目以及华为（成都）智能制造创新中心、SAP（四川）产业赋能中心、西门子—联晟成渝数字化物联网赋能中心等数字赋能载体，旨在助力青白江区传统企业数字化转型。

二是"两化"融合管理体系贯标认定。青白江区依托《成都市加快工业互联网发展支持政策》，支持企业发展工业互联网，引导企业积极开展"两化"融合管理体系贯标。截至 2022 年底，青白江区包括重汽王牌、巨石成都、积微物联、申博玻璃等 17 家企业完成了"两化"融合管理体系贯标认定。同时，青白江区集成各级政策长期支持积微物联打造和迭代 CⅢ平台，截至 2022 年底，服务客户超过 11 万家，已建成为全省最具影响的工业互联网平台之一，2023 年积微物联获评全国企业数字化服务优秀案例。

专栏 2 -6　积微物联："互联网＋先进制造"助推数实融合

成都积微物联集团股份有限公司，2013 年诞生并成长于国家大力推进供给侧结构性改革、互联网＋、大数据、工业互联网等战略背景下，率先探索产业互联网新模式，积极实践"互联网＋先进制造"，为用户提供端到端的全产业链一体化解决方案。

积微物联以"积微"和"达海"双平台、双品牌为核心，以技术驱动构建形成独具特色的产业互联网平台和大宗物资产业链集成服务生态圈，为用户提供钢铁、钒钛、化工等大宗商品的智能仓储、高端加工、智慧物流、在线交易、供应链金融、平台技术输出、市场配套等一站式服务和整体解决方案。

线上以"积微"品牌构建了积微海川钢铁、积微运网、积微云采、积微循环、积微化工等 26 个板块的积微族群。平台年交易额 1200 亿元以上，链接产业链上下游用户 5.5 万家，是西南地区专业的大宗物资产业互联网平台。

线下以"达海"品牌先后打造了成都达海、云南达海、南充达海等覆盖西南的实体仓储加工物流基地。拥有年仓储吞吐能力 3000 万吨以上，钢材加工线 50 条，加工能力 600 万吨，入园客户 3000 多家，合作钢厂和钒钛生产企业 70 多家，并已跨界拓展了木材、建材、有色金属等多个品类的大宗物资领域。

积微物联线上线下高效融合的产业生态圈发展模式获得高度认可，2018 年被纳入国务院国企改革"双百"企业，并先后荣获国家发展改革委共享经济典型平台、工信部 2020 年大数据产业发展试点示范项目、工信部制造业与互联网融合发展试点示范项目、工信部制造业"双创"平台试点示范项目、商务部首批线上线下融合发展数字商务企业、中国大宗商品电商百强企业、中国 B2B 百强企业、中国 B2B 独角兽企业、中国十大物流创新园区、中国最具影响力钢铁电商平台等近百项荣誉。2019年，该公司成功入选成都市新经济"双百工程"重点企业名单，成为全区乃至全市引领发展"数字经济""共享经济""流量经济"新产业的典范。2023年3月，"积微物联大数据应用分析平台"成功入选四川省十大新经济重点平台，积微物联科技品牌和技术先锋——蓉通微链申报的"面向生产制造企业的智慧物流解决方案"成功入选四川省工业互联网APP优秀解决方案。同时，积微物联旗下电商公司作为四川电子商务领军平台，成功上榜"2021—2022年度四川电子商务百强企业"，2023年获评"全国企业数字化服务优秀案例"。

专栏2-7　重汽王牌：建设智能网联新能源商用车智能驾驶基地

中国重汽集团成都王牌商用车有限公司是中国重汽集团西南最大的整车制造基地，公司建有省级技术中心和工业设计中心，主要从事重、中、轻、专用车等商用车产品及零部件的设计、生产、销售和服务，涵盖传统燃油、燃气、纯电，氢燃料、甲醇及其他增程式动力形式。公司拥有一支80余人的中试技术团队，其中本科以上学历占比95%，团队领军人物大部分都是成都市产业建圈强链人才、重汽集团公司卓越工程师，多次获省级"五一劳动奖章"、省级"优秀科技工作者"称号。

青白江区依托重汽集团先进的技术、管理、品牌与资源优势，积极推动重汽王牌中试平台建设，打造超200亩智能驾驶中试基地，进行虚拟仿真与数字孪生测试、汽车智能化测试评价、网联化测试、信息安全测试评价、整车与驾驶员在环测试等五大试验，满足智能网联新能源商用车整车及系统零部件科技创新成果的转化相关的试验验证要求。

三是关键共性技术攻关强度加大。 以中试基地建设为载体，大力推动工业互联网政产学研用协同发展，争取一大批高校、科研院所的科技成果在青白江区小试、中试、孵化、应用。支持积微物联、重汽王牌等企业与国内外一流高校、科研院所合作，联合共建重点实验室、工业大数据创新中心等高水平研发机构，大力推动工业互联网政产学研用协同发展，促进更多科研成果在青白江区转移转化。同时，鼓励区内职业学校与行业头部企业合作，加大工业互联网专业人才培养。此外，以研发费用加计扣除财政奖补制度政策为抓手，鼓励企业加大研发投入，开展关键共性技术攻关、研发工业互联网新技术新产品，解决工业互联网"卡脖子"问题。鼓励成都积微物联电子商务有限公司、成都焊研威达科技股份有限公司等工业企业积极申报成都市2021年第二批科技计划项目中的重大科技创新项目"工业互联网"。截至2022年底，成都积微物联电子商务有限公司、四川维珍高新材料有限公司等11家企业获批19项上级科技计划项目资金。

四是工业互联网平台建设不断强化。 青白江区加快工业互联网标识解析二级节点培育与建设，支持积微物联建设面向钢铁行业的工业互联网标识解析二级节点，为供应链协同和精准对接提供支撑，充分发挥积微物联作为区域大数据产业链主优势。引进一批工业互联网重大项目，增强全区企业数字化转型服务供给能力。同时，支持行业龙头积微物联创建国家级双跨平台，积极争取国家、省级工业互联网示范试点项目。鼓励区内中小微企业上云用平台，依托华为、SAP等头部企业积极推进产业数字赋能行动，组织新都区、金堂县和广汉市的主管部门及企业参加SAP（四川）赋能中心举办的数字化转型沙龙，支持工业互联网平台、优秀解决方案加快与工业企业结对合作。截至2023年底，培育巨石1家智能工厂，嘉德精工、鼎泰新材料、正西液压、TCL光电、玖龙包装、和乐门业等7个数字化车间，持续提升全区工业互联网创新应用水平。

| 第三节 |

适应趋势：制造业与生产性服务业的深度融合

制造业与生产性服务业之间存在着密切的关系，随着全球经济的不断演变，制造业与生产性服务业的深度融合（即"两业融合"）已成为推动产业升级和经济增长的重要趋势。制造业是城市经济的根基所在，是生产性服务业发展的前提和基础，而生产性服务业贯穿于制造业的全产业链，是制造业转型升级的重要支撑和推动力。随着信息技术的发展和产业融合的加速，制造业与生产性服务业的深度融合已成为重要趋势，共同推动产业升级和经济增长。党的二十大报告提出，建设现代化产业体系，推动现代服务业同先进制造业、现代农业深度融合。青白江区作为有着深厚工业基础和临港枢纽优势的城市，坚定不移把强化枢纽建设作为立区"第一要务"，坚定不移把制造强区作为产业"头号工程"，坚决把制造强区摆在现代化产业体系建设的首要位置。近些年，青白江区积极主动适应制造业与生产性服务业深度融合这一趋势，大力发展以国际供应链为代表的临港生产性服务业，构建融入国际尤其是链接泛欧泛亚地区的高能级生产性服务经济体系，进一步赋能先进制造、融通产业循环。接下来，还要持续深化产业建圈强链，科学编制制造业发展规划，加快推动传统产业转型升级，积极培育新兴产业和未来产业，按照"强二、优三、提一、培新"的思路，深入推进产业转型升级和制造业高质量发展。充分发挥国际供应链优势，以复合型技术创新整合带动高端制造业发展，以融合型园区支撑通道枢纽建设，以核心技术引擎助推高水平合作园区协同发展。

① 国际供应链带动高端制造业发展需要复合型技术创新整合

在全球化的经济环境中，制造业的竞争已经不仅仅局限于单个企业甚至国家，而是涉及整个供应链的竞争。国际供应链的高效运作已经成为高端制造业取得竞争优势的关键因素之一。在"两业融合"的大趋势下，复合型技术创新整合成为实现国际供应链带动制造业高效运作的核心。

一方面，包括物流、制造、服务、数字和金融在内的复合型技术创新整合成为实现国际供应链，尤其是物流效率提升的核心，其中最为关键的是物联网、人工智能和大数据等前沿技术的协同应用。国际供应链通过引入物联网技术实现物流设备的自动化和智能化，提高仓储和运输的效率，提高物流运作的效率。例如，通过大数据分析和人工智能技术，对物流数据进行深度挖掘，优化物流路线，减少物流损耗，提高物流服务的准确性和及时性。再例如，通过实时监测、智能调度和数据分析，国际供应链能够更加精准地服务高端制造业，提升整个产业链的运行效能。国际供应链通过这些复合型技术的创新整合，不但降低制造业的生产成本，提高生产效率，而且可以为制造业提供更灵活、个性化的服务。

另一方面，复合型技术创新促进国际供应链的发展，进而逐渐推动制造业的转型升级。随着消费者需求的多样化、个性化，制造业需要更快地响应市场变化，提供更高品质的产品，而复合型技术创新可以帮助国际供应链企业快速与全球的供应商、客户和研发机构建立紧密的合作关系，共享资源和技术，并通过快速引进和吸收全球先进的生产技术和管理经验，及时调整生产，提高产品质量和附加值，满足市场需求。例如通过引入工业互联网和智能制造技术，实现生产线的数字化和智能化，提高生产效率和产品质量。再例如，通过引入新材料、新工艺等技术开发出更具市场竞争力的产品，从而推动高端制造业产业升级和转型。

此外，复合型技术创新整合还可以促进企业间的协同创新。通过建立产学研合作平台，实现企业、高校和研究机构的资源共享和优势互补，加速技术研发和成果转化。例如，通过不断引入新技术、新模式，企业可以不断优化自身的运营和管理模式，提高自身的竞争力和市场地位。再例如，通过技术创新整合，企业可以实现运营和管理模式的优化，提高生产效率和产品质量，推动产业升级和转型，提升自身的竞争力和市场地位。加强技术创新整合的研究和应用，推动物流带动高端制造业的发展已成为必然趋势。

总结来看，国际供应链所整合的复合型技术创新，对高端制造业的发展具有重要影响。一是降低成本。国际供应链使得高端制造业可以充分利用全球资源，包括劳动力、原材料和物流等，降低生产成本。同时，国际供应链还能够帮助高端制造业避免单一国家资源限制，实现资源的多元化供应，增强企业的抗风险能力。二是提高效率。国际供应链通过全球采购、生产和分销的网络，使得高端制造业能够快速响应市场需求，实现生产和销售的高效运作。同时，国际供应链还能够促进企业间的协作和专业化分工，提升整个供应链的效率。三是增强竞争力。国际供应链为高端制造业提供了全球化的技术合作和交流平台，使得企业能够更加便捷地获取和分享先进技术，推动企业技术创新和产品升级。四是加强品质保证。国际供应链中的各个环节都可能影响到最终产品的品质。高端制造业通过与供应商、合作伙伴建立长期合作关系，强化品质控制和检测机制，保证产品的品质和可靠性。五是严格风险管理。国际供应链中的各种不确定因素可能会对高端制造业带来风险。高端制造业需要建立完善的风险管理机制，对供应链中的潜在风险进行及时预警和应对，确保企业的稳定运营。因此，国际供应链对高端制造业的发展具有积极的推动作用。为了更好地发挥国际供应链的带动作用，需要加强技术创新、基础设施建设、政策支持等方面的工作，促进国际供应链与高端制造业的深度融合和协同发展。

具体到青白江区，中欧班列开通运行极大地降低了供应链的物流和时间成本。作为中欧班列成都的始发地，青白江区坚决贯彻落实习近平总书记系列重要指示精神，主动服务融入"一带一路"、成渝地区双城经济圈、"双循环"新发展格局等国家战略，以建设现代化、智能化、平台化的国际供应链体系为抓手，促进资源要素高效配置、供给需求精确匹配，努力提高复合型技术创新整合能力，以国际供应链服务带动制造业做大做强，以制造业需求促进国际供应链做长做深。

一是积极发挥电子商务关键作用，促进供应链集成创新，进而推进制造业转型升级。电子商务可快速响应客户需求，减少库存积压，降低交易成本，推动供应链上下游的供应商、企业、经销商等实现全面的业务协同。青白江区依托成都全球跨境电商服务资源中心，推动实现跨境电商保税备货进口、直购进口、直购出口和 B2B 出口业务模式全覆盖，引进跨境电商企业 70 家。建立提供一站式服务的跨境电商综合服务平台，打造亚蓉欧国家（商品）馆、城厢城市会客厅等跨境电商线下体验店，创新"扫码购""线上国家馆"等服务方式，推动内贸与外贸、跨境电商与市场采购、旅游与消费融合发展。构建"中欧班列＋跨境电商"物流新模式，开行到国际区域中心城市的直达跨境电商专列。截至 2023 年底，成都中欧班列服务全国超 1 万家企业，成都国际铁路港联通境内外城市 138 个，全年实现进出口总值 336.35 亿元，成为四川连接欧洲、联通世界的主要国际物流通道。

图 2-6　亚蓉欧国家馆

　　二是积极发挥信息集成的驱动作用，以创新驱动制造业高质量发展。信息是现代供应链运作的驱动力，高效的信息集成，能够全面覆盖产业链上游采购网络、中游仓储流通网络及下游销售服务网络，实现产业链上下游资源整合、优势互补和协调共享。青白江区大力推进区块链、云计算、物联网等新技术与供应链深度融合，加快建设华为、上海安能等5个数字赋能项目，推进供应链全周期智能化、自动化管理。同时，推动流通企业与生产制造企业、研发机构三方对接，建立全过程供应链信息集成平台，实现供应链研发、生产和物流等各种需求实时共享可视，引导生产端优化配置生产资源，加速技术和产品创新。依托供应链信息集成平台，青白江区已整合成都天马、积微物联等辖区龙头企业与知名院校、研究机构的创新资源，建成省市级院士（专家）工作站7个，先进金属材料研究院、高性能高分子研究中心等技术创新平台42个，共同推动减污降碳、碳捕集利用等关键核心技术成果运用，加快促进先进材料、智能制造等领域"卡脖子"技术集中攻关，不断提升国际供应链风险防范能力。

　　三是聚焦公共仓储核心环节，加快供应链上下游产业集群集聚，新兴产业不断涌现，配套产业蓬勃发展，贸易量持续上涨。公共仓储是现代供应链管理的核心环节，是物资流转、信息流通的重要枢纽。青白江区积极推动成都国际铁路港公共仓储设施改造升级和分拨结算中心建设，加快建设冷藏库、恒温仓等多类别高标仓，优化供应链仓储配送管理，实现仓储配送有机衔接。充分发挥综保区保税仓储功能，集成土地、税收等要素保障优势，着力构建期现货结合、场内外联动、境内外流通的多层次进出口商品交易市场体系，实现采购供应、在线生产、仓储配送、销售服务等供应链环节一体高效运作。围绕国际贸易和临港生产性服务业，青白江区加速聚集玉湖冷链、盒马鲜生、菜鸟物流等外向型产业化项目近200个。一些老工业时代的企业，开始了通过技术创新转型发展谋求生存的探索。以商用车制造、新材料、新能源装备制造等为代表的新型工业集群加快形成。以高性能纤维高新技术产业、新能源装备制造、商用车制造等为代表的现代工业进入新型化升级时期。成都天马大功率风电轴承生产线等项目竣工投产，重汽王牌商用车生产基地等项目加快建设，台嘉年产6万吨电子级无碱纤维丝等项目开工建设，江河幕墙西南产业基地等项目签约入驻，丽雅纤维年产10万吨差别化竹纤短纤等20多个技改项目顺利实施，青白江区也因此获批省技术创新工程示范区和省级循环经济示范区。开放的通道经济，使青白江区迎来了国际供应链带动高端制造业发展的第二次工业振兴契机。

2. 枢纽建设需要融合型园区支撑

枢纽建设是一项复杂的系统工程，是指在交通、物流、信息等领域节点和中心地带注重发展枢纽经济，按照现代供应链、产业链、价值链协作运行规律，借助网络化服务体系以及现代信息技术、金融服务等手段，进行高效集聚、引导、转化、扩散，从而实现资源要素高效配置和经济价值创造。做好枢纽建设工作，有利于地区经济发展，对于提升地区产业集聚效应和国际竞争力具有重要意义。在全球化和区域一体化的大背景下，枢纽建设需要政府、企业和社会各界的共同努力，在政策扶持、资金投入、技术创新等方面形成合力，推动枢纽建设的可持续发展。为了适应"两业融合"的趋势，枢纽建设变得尤为关键。以"两业融合""数实融合"为标志的融合型园区，作为支撑枢纽建设的重要组成部分，通过提供高效的基础设施、先进的信息技术和综合性服务，为制造业与生产性服务业的融合创造了良好的环境。

融合型园区是一种兼具产业特色鲜明、功能完善、绿色生态的现代化产业园区，其特点是不同产业之间、不同企业之间以及不同技术之间的深度融合。这种融合可以在产业链的各个环节中实现，例如在研发、生产、销售等环节中实现不同产业、不同企业、不同技术的交叉融合。其核心思想是通过打破产业、企业、技术的界限，在市场作用、政策激励和园区支撑下，促进资源共享、优势互补，从而实现产业的协同创新和升级转型。其优势在于可以提高产业的整体竞争力，促进产业升级转型，推动新业态和新模式的出现等，为企业提供更广阔的发展空间和机会，促进企业间的合作和共赢。可以说，融合型园区作为一种新型的产业园区发展模式，通过不同产业、不同企业、不同技术的深度融合，可以提供高效的基础设施、先进的信息技术和综合性服务，推动产业的协同创新和升级转型，为枢纽建设提供重要支撑，为区域经济的发展注入新的动力，实现产业、交通、城市三位一体。未来，进一步加强枢纽建设需要适应趋势，积极发挥融合型园区的支撑作用。

融合型园区的培育与发展需要具备一定的条件，包括具有较为完善的产业链体系、良好的产业生态和政策环境，以及丰富的人才和技术资源等。通过政策引导、市场运作等方式，推动企业间的深度合作，实现产业的协同发展。建设高质量的融合型园区，需要加强4个方面的工作。一是做好产业规划。根据地区产业基础和发展优势，制定针对性的产业规划，明确园区的产业定位和发展重点。二是加强基础设施建设。完善园区内的交通、通讯、水电等基础设施，确保企业生产和运营的基本需求得到满足。三是优化招商引资。通过优化营商环境、提供政策支持等措施，吸引优质企业和项目入驻园区。四是提升服务配套。建立完善的公共服务体系，包括人力资源培训、金融支持、法律咨询等，为企业提供全方位的服务支持。通过这些措施，融合型园区将成为产业发展的高地和区域经济增长的新引擎。

另外，融合型园区促进枢纽建设需要政府、企业、科研机构等多方参与，共同制定建设方案和运营模式，建立完善的组织架构和管理机制，实现产业与城市的良性互动和协调发展。从建立产业协作平台、加强技术研发与创新、优化营商环境、完善基础设施建设、推进产城融合发展、建立多元化融资体系、培养和引进高素质人才等多方面入手，促进融合型园区建设，支撑枢纽建设。建立产业协作平台，促进不同产业、不同企业之间的交流与合作，实现资源共享、优势互补，推动产业协同创新；加强技术研发与创新，提高企业的技术水平和核心竞争力，推动产业升级转型；优化营商环境，降低企业的运营成本和交易成本，提高企业的经济效益和市场竞争力；完善基础设施建设，提高园区的承载能力和服务水平，为企业提供更好的发展环境；推进产城融合发展，实现产业与城市的良性互动和协调发展，提高园区的整体发展水平；建立多元化融资体系，为企业提供更广泛的融资渠道和资金支持，推动企业的快速发展；培养和引进高素质人才，提高企业的管理水平和创新能力，推动企业的可持续发展。

具体到青白江区来说，得益于共建"一带一路"倡议的持续深化，青白江区坚定不移把强化枢纽建设作为立区"第一要务"，建强大通道、大平台、大枢纽，推动外贸保稳提质，具备枢纽优势。枢纽建设成为青白江区与国内国际市场之间链接的重要纽带，对于推动地方经济高质量发展发挥着举足轻重的作用。2008 年，作为国家"十一五"期间实施西部大开发重点工程之一的成都铁路集装箱中心站在青白江区开建。22 个月后，正式建成投运，成为承接国际国内产业转移、建设西部经济发展高地的重要载体。2013 年 4 月 26 日，首发的蓉欧快铁（后统一为中欧班列），打通了成都与欧洲的陆路大通道。从此，成都、四川乃至西部地区的商流、物流、资金流、信息流源源不断汇集于青白江区，使其迅速成为成都市乃至四川省眺望世界的重要窗口。2019 年 9 月，成都陆港枢纽入选首批国家物流枢纽建设名单。十多年来，青白江区积极以融合型园区建设理念为指导，把成都国际铁路港建设作为融入共建"一带一路"的最大抓手，成都国际班列累计开行量超 2.4 万列，连接境外超 100 个城市。整体来看，在通道开放网络、枢纽开放功能、服务开放能力上取得长足的进步。

一是陆海通道开放网络不断完善。构建以成都为主枢纽，西进欧洲、北上蒙俄、东联日韩、南拓东盟的国际班列线路网络和陆海货运配送体系。开发中吉乌公铁联运通道、中缅印度洋海铁联运通道等新线路。全国首创"蓉欧速达快线""澜湄蓉欧快线"品牌，联合上海等沿海港口建设海铁联运通道，开行"法国邮政 DPD 号"，亚蓉欧大通道运行效能有效提升。提升班列运行质效上,按照"提质中欧、加密南向"总体思路,跨里海中间走廊、中亚班列开行组织逐渐得以强化,西部陆海新通道全程海铁联运得以拓展,"澜湄蓉欧""越桂蓉欧"快线运行频率逐步得到加密,始终确保国际班列开行量保持全国前列。

二是枢纽开放功能显著增强。获批整车、肉类、粮食口岸、中欧班列集结中心和首批国家陆港型物流枢纽,高质量运行城厢站国际集装箱功能区、中远海运多式联运中心、集装箱共享中心等功能性平台,枢纽年吞吐能力达200万标箱。设立波兰马拉等境外运控中心、德国杜伊斯堡等8个海外仓,强化班列过境运输及海外货物集散。不断增强枢纽运行功能,加快陆港型国家物流枢纽建设,推动口岸扩区提能,创新"港站一体",打造全省首个"区港联动"综保区。完善中欧班列集结中心道路和市政保障体系,推动集装箱专用通道尽快开工,促进公铁顺畅衔接和高效中转。持续深化智慧陆港建设,升级打造班列数字管理平台,打通中心站、口岸、综保区、国际贸易单一窗口等数据交互壁垒,整体作业效率得以提升。持续织密班列通道网络,开通中缅、中吉乌公铁联运新通道,打造"澜湄蓉欧""越桂蓉欧""中老泰全铁"快线,成都国际铁路港集装箱吞吐量突破100万标箱。坚持以通道促贸易、以贸易聚产

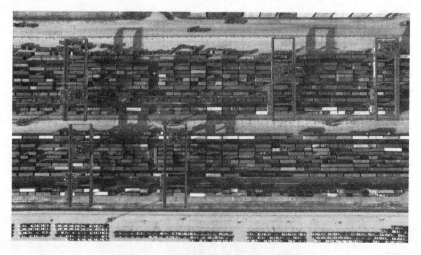

图 2-7   成都国际铁路港集装箱堆场

业，发挥"自贸＋口岸＋综保"优势，促进外贸进出口"多点开花"，2023 年实现整车进出口近 2.8 万辆、增长 210%，跨境电商交易 300 万单、货值增长 22.2%，大宗贸易增长 103.6%。实现外贸进出口增长 29.1%，拉动全省外贸增速 1 个百分点，实际到位外商直接投资增长 109%。外贸转型升级基地获省政府督查肯定。**三是服务开放能力持续提升。**联合重庆打造中欧班列（成渝）和西部陆海新通道统一品牌，中欧班列（成渝）累计开行突破 2.6 万列，稳居全国第一位。构建"枢纽集结、区域分拨"合作模式，联合省内 15 个市（州）设立中欧班列组货基地，带动"川货出川出海"。加快建设国际供应链经济重要承载区，汇集供应链管理企业前 50 强 80% 以上，班列服务企业超 1.5 万家。建成投用 34 个国家（商品）馆，综保区进出口总额稳居全省综保区第二。不断深化区域协作，持续深化成渝合作，加强价格协同共商、境外资源共享等联动，常态化举办中欧班列（成渝）全球合作伙伴大会，提升品牌影响力。强化与省内重点市（州）的协同合作，持续推进"中欧班列＋西部陆海新通道"成都集结中心建设，探索在广元、眉山、绵阳、德阳等地区建立揽货网络，稳步提升货源组织能力。深化与彭州"一主一辅"协调联动，加强与金堂县、广汉市等地的产业协作，合力打造成德临港经济产业带。

3. 高水平园区协同发展需要核心技术引擎

高水平园区指的是具备较高规划建设水平的"高亩产"园区，在开放程度、科技创新、绿色发展等方面具有较高的标准和要求。高水平园区建设指的是通过开放发展集中资源、优化环境，实现产业集聚、企业集群、要素集合，推动产业转型升级和区域经济高质量发展。一般来说，高水平园区通常具备开放程度高、科技创新能力强、基础配套完善、绿色发展水平高等特征：园区注重以营商环境、制度创新、法制健全等特征吸引创新型企业落地；注重科技创新，拥有较高水平的研发机构和科技人才队伍，具备持续的创新能力，能够为企业提供技术支持和服务；注重生态环境保护，推动绿色低碳发展，具备较高的可持续发展能力。

高水平园区的协同发展需要依赖于先进的核心技术。这包括人工智能、大数据、云计算等技术的运用，以提升园区内各个企业的生产效能。核心技术引擎不仅可以推动单一企业的创新，更能够在整个园区范围内形成技术共享与交流的生态，推动产业集群的形成与壮大。

面对全球产业链的重构和竞争格局的变化，高水平园区需要实现协同发展，才能真正形成产业发展的合力，而其中最关键的就是发挥核心技术的引擎作用。通过培育和发展具有国际竞争力的核心技术，提升园区内企业的创新能力和市场竞争力，促进产业链上下游企业的协同创新和共同发展。这需要政府、企业和社会各界的共同努力，在政策扶持、产业引导、市场运作等方面形成合力，推动园区实现高质量发展。未来，应主动适应发展趋势，积极发挥核心技术引擎作用，推动园区协同发展。一是培育和发展核心技术。鼓励企业加大研发投入，加强与科研机构和高校的合作，共同研发具有国际竞争力的核心技术。同时，加强知识产权保护，为技术创新提供法律保障。二是产业链协同创新。加强产业链上下游企业的合作与交流，推动技术、人才和资本等创新要素的共享与流通。通过协同创新，提高整个产业链的创新能力和市场竞争力。三是国际合作与交流。积极参与国际产业合作与交流活动，学习借鉴国际先进经验和技术。加强与国际标准化组织的合作，提升我国产业的国际话语权和规则制定能力。四是政府引导与支持。政府应加大对核心技术的研发和推广的支持力度，制定针对性的产业政策和财政支持措施。优化营商环境，降低企业运营成本，提高市场主体的积极性和创造力。通过这些措施的实施，高水平园区将形成以核心技术引擎为支撑的协同发展格局，进一步推动产业升级和经济增长。

具体到青白江区，随着自由贸易试验区、综合保税区、国家级经开区等多类型、多层级、广覆盖的开放平台的纷纷落地，开放优势持续释放，以培育核心技术为牵引助推高水平园区协同发展。

一是自由贸易试验区改革初结硕果。自贸区自诞生以来，就被赋予以制度创新激发和深化改革的使命，就被赋予自由、开放和创新的精神内核。对于自贸区而言，不是要"政策"，而是要"改革"，政策措施只是枝叶，制度才是"根脉"。事实上，自贸区从某种意义上讲本身就是一种制度创新。2017年4月1日，为进一步加大西部地区门户城市的开放力度以及建设内陆开放战略支撑带的要求，打造内陆开放型经济高地，实现内陆与沿海沿边沿江协同开放，中国（四川）自由贸易试验区正式获批，成为改革试验田的一颗"新星"，承担了新的使命。自贸试验区的挂牌让青白江区充分发挥改革先行优势，为开放发展赋能蓄力。按照"实施自由贸易试验区提升战略"要求，青白江区紧抓制度创新这个"灵魂和本源"，深耕制度"试验田"，为全国谋创新。截至2023年12月，大胆探索形成134项制度创新成果，"中欧班列集拼集运模式""中欧班列运费分段结算估价管理改革""多式联运'一单制'"等43项获国家部委或省级层面认可推广。

图2-8　中国（四川）自由贸易试验区成都青白江铁路港片区

二是综合保税区建设提质增效。2019年12月，成都国际铁路港综合保税区正式获批。作为开放层次最高、优惠政策最多、功能最齐全、手续最简化的特殊开放区域，享受境外货物入综保区保税或免税，境内货物入综保区视同出口、实行退税，综保区内企业之间的货物交易免征增值税和消费税等政策。2023年落地全国首个"内陆综保区通关一体化"

模式，拓展"保保+快通"新业态，创新实现进口肉类"保税+直提"，探索赋予综保区监管场所功能，明确区港一体化实施方案及"一场两园"运营主体，稳步推进区港一体化，促进进出口货物在综保区"就地运抵""通关即放"。制定并推动促进跨境贸易便利化"十条措施"落地见效，全年实现进出口总值336.35亿元，同比增长40.4%，持续位居全省综保区第2位，中西部前16位。

图2-9　成都国际铁路港综合保税区

三是国家级经开区赋能起势发展。2020年6月，国务院批复同意成立成都国际铁路港经济技术开发区，正式升级为国家级经济技术开发区，是投资环境最优的现代化产业和创新集聚区，是承接国际产业链转移的重要载体。设立国家级经济开发区，意味着形成全新的开放格局，既孕育着巨大机会，又面临巨大挑战。青白江区成功争取市委、市政府出台《关于支持成都国际铁路港经济技术开发区高水平开放的若干措施》专项政策，依托国家级经济开发区持续赋能开放型经济发展，2023年外商直接投资较2013年翻两番，外贸进出口总额较2013年增长9.9倍。高质量举办"川渝藏国家级经开区交流合作活动"，同时借力国际班列的高质量开行和坚定推进高水平开放。青白江区正实现从"内陆腹地"到"开放前沿"的华丽转身，也吸引着越来越多的世界目光。

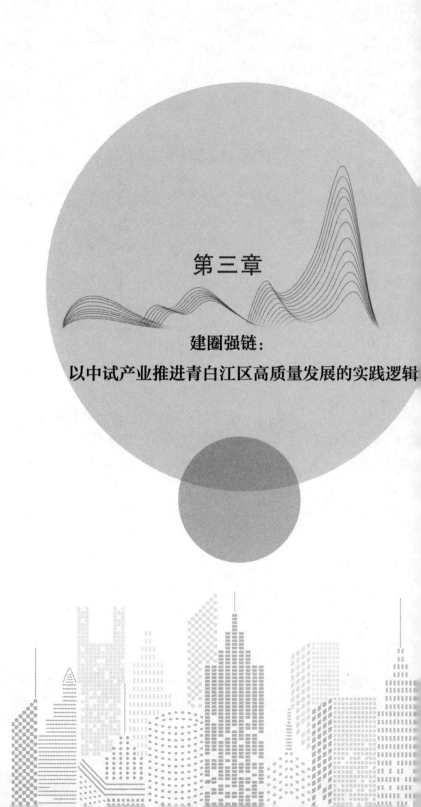

第三章

建圈强链：
以中试产业推进青白江区高质量发展的实践逻辑

　　深入实施产业建圈强链行动，以"链主企业＋公共平台＋产业基金＋领军人才＋中介机构"五大产业生态为关键"建圈"，以创新链产业链资金链人才链深度融合为重点"强链"，是成都加快形成新质生产力，构建具有智能化、绿色化、融合化特征和符合完整性、先进性、安全性要求的现代化产业体系的具体实践，也是青白江区探索具有地域特色的中试产业的现实背景。2024 年 1 月，工业和信息化部、国家发展改革委印发的《制造业中试创新发展实施意见》明确要创新发展中试产业，优化中试发展生态，促进中试与创新链、产业链同步发展，为推动制造业高质量发展、加快实现新型工业化、建设现代化产业体系提供有力支撑。现代化产业体系是由"创新链—技术链—产业链—价值链—供应链—服务链"等串联而成，青白江区始终把推进中国式现代化作为最大的政治，坚持"高质量发展是新时代的硬道理"，紧紧扭住经济建设这一中心工作和高质量发展这一首要任务，聚"实"发力、向"新"出发、以"质"取胜，大力培育发展新质生产力，以中试产业为抓手，树立圈链思维，实现"同向发力、平行互促"的产业链和生态圈融通，促进资源集成、协作配套、主体融合、市场开放，提升城市产业链供应链的竞争力，不断提升发展"含新量""含金量""含绿量"，奋力推动经济社会高质量发展。本章以"六链"为切入点，逐项分析青白江区在科技创新、人才培养、小试中试、产业孵化、生产制造五个方面的情况及实践探索，系统完整地呈现青白江区发展中试产业的实践逻辑。

| 第一节 |

科技创新：激活中试产业的第一动力

1. 立足国家、省、市科技创新政策

科技创新是中试产业发展的核心驱动力，通过不断进行技术研发和创新，推动科技成果的转化和应用，提高产品的技术含量和附加值，可以提升中试产业的竞争力和市场地位。

党的十八大以来，习近平总书记把创新摆在国家发展全局的核心位置，高度重视科技创新，围绕实施创新驱动发展战略，加快推进以科技创新为核心的全面创新，提出一系列新思想、新论断、新要求。习近平总书记强调，"加快科研成果从样品到产品再到商品的转化，把科技成果充分应用到现代化事业中去"。2023年7月以来，习近平总书记在四川、黑龙江、浙江、广西等地考察调研时提出要"整合科技创新资源，引领发展战略性新兴产业和未来产业，加快形成新质生产力"。2023年12月，中央经济工作会议再次强调"要以科技创新推动产业创新，特别是以颠覆性技术和前沿技术催生新产业、新模式、新动能，发展新质生产力"。2024年7月，党的二十届三中全会提出要"健全因地制宜发展新质生产力体制机制"。这都为中试产业发展指明了前进的方向。

在此背景下，青白江区发展中试产业迎来前所未有的政策利好，从中央到地方，各级政府纷纷出台了相关的支持性政策，本节梳理了国家、四川省以及成都市中试相关政策。

从国家层面来看，出台的政策主要为方向性、指引性文件，其相关配套政策还需要进一步完善。例如《成都建设践行新发展理念的公园城市示范区总体方案》提出"推动共建成渝综合性科学中心"，但具体的应该怎么建、谁来建，还需地方政府进一步研究。此外，科技部等9个

部门联合出台的《赋予科研人员职务科技成果所有权或长期使用权试点实施方案》提出"鼓励试点单位和科研人员通过科研发展基金等方式，将成果转化收益继续用于中试熟化和新项目研发等科技创新活动"，然而在具体实践中存在专利成果保护不力、利益分配不均等问题，这些政策也都需要地方政府在具体实践中进一步完善。

表3-1　国家层面出台的中试相关政策

时间	政策名称	发布单位	主要内容
2024 年	《制造业中试创新发展实施意见》	工业和信息化部、国家发展改革委	提出布局现代化中试能力，加快中试能力体系全覆盖、促进中试能力建设工程化、推进中试数字化、推进中试网络化、推动中试智能化、推动中试高端化、推动中试绿色化；构建中试服务平台体系，推动龙头企业建设产业链中试平台、建设综合性中试公共服务机构、建设专业化中试公共服务机构、建设高水平多层次中试载体；创新发展中试产业，强化政策协同、加快关键技术攻关、突破软硬件产品、打造自主中试线、培育优质企业、拓展全链条服务；优化中试发展生态，强化标准支撑引领、打造专业人才队伍、加强计量服务保障。
2023 年	《关于推进国家技术创新中心建设的总体方案（暂行)》	科技部、财政部	提出国家技术创新中心定位于实现从科学到技术的转化，促进重大基础研究成果产业化。以关键技术研发为核心使命，通过产学研协同推动科技成果转移转化与产业化，为区域和产业发展提供源头技术供给，为科技型中小企业孵化、培育和发展提供创新服务，为支撑产业向中高端迈进、实现高质量发展发挥战略引领作用。
2022 年	《成都建设践行新发展理念的公园城市示范区总体方案》	国家发展改革委、自然资源部、城乡和住房建设部	提出推动共建成渝综合性科学中心，统筹布局国家产业创新中心、工程研究中心、技术创新中心、制造业创新中心和未来产业技术研究院等创新平台，增强中试验证、成果转化、应用示范能力。
2021 年	《中华人民共和国科学技术进步法（2021 年修订)》	全国人民代表大会常务委员会	提出国家加强科技成果中试、工程化和产业化开发及应用，加快科技成果转化为现实生产力。

续表

时间	政策名称	发布单位	主要内容
2020 年	《中共中央国务院关于构建更加完善的要素市场化配置体制机制的意见》	中共中央、国务院	提出完善专业机构管理项目机制。加强科技成果转化中试基地建设。支持有条件的企业承担国家重大科技项目。建立市场化社会化的科研成果评价制度，修订技术合同认定规则及科技成果登记管理办法。建立健全科技成果常态化路演和科技创新咨询制度。
2020 年	《赋予科研人员职务科技成果所有权或长期使用权试点实施方案》	科技部等9个部门	提出鼓励试点单位和科研人员通过科研发展基金等方式，将成果转化收益继续用于中试熟化和新项目研发等科技创新活动。
2019 年	《科技企业孵化器管理办法》	科技部	提出在同一产业领域从事研发、生产的企业占在孵企业总数的75%以上，且提供细分产业的精准孵化服务，拥有可自主支配的公共服务平台，能够提供研究开发、检验检测、小试中试等专业技术服务的可按专业孵化器进行认定管理。
2017 年	《国家技术转移体系建设方案》	国务院	提出促进产学研协同技术转移。发挥国家技术创新中心、制造业创新中心等平台载体作用，推动重大关键技术转移扩散。依托企业、高校、科研院所建设一批聚焦细分领域的科技成果中试、熟化基地，推广技术成熟度评价，促进技术成果规模化应用。
2016 年	《国家创新驱动发展战略纲要》	中共中央、国务院	提出构建专业化技术转移服务体系。发展研发设计、中试熟化、创业孵化、检验检测认证、知识产权等各类科技服务。

四川省在中试政策制定方面相较国家层面进行了进一步的完善。以中试平台建设为例，对平台的认定、资金的保障以及考核评估都进行了系统的考虑；同时，为进一步加强对科技成果的转化，提出对现有中试研发机构升级改造，并探索政府、企业、成果完成人和转化人共同参与的多主体协同机制。整体来看，其支持中试产业发展的政策体系正在逐步完善中。

表3-2　四川省出台的中试相关政策

时间	政策名称	发布单位	主要内容
2024年	《关于全面深化职务科技成果权属制度改革的实施方案》	四川省科学技术厅等10个部门	完善职务科技成果市场化转化机制，鼓励企业投资职务科技成果转化项目，对国有企业科技成果中试熟化研发投入可视同利润加回，支持科研单位建立专业化技术转移转化机构，加强对技术转移转化服务机构及人员的现金及股权激励，支持有条件的高校开设技术转移转化专业，拓宽科研单位技术转移转化人才职称评定通道。
2023年	《四川省中试研发平台建设运行管理办法》	四川省科学技术厅、四川省财政厅	对中试研发平台进行了界定，并从申报与命名、考核与评估、运行与保障三个层面进行了政策细化。
2022年	《增强协同创新发展能力行动方案》	四川省人民政府办公厅	提出加快建设跨高校、科研院所新型中试研发平台，尽快提升概念验证、中试熟化、企业孵化能力。
2021年	《关于深入推进创新驱动引领高质量发展的决定》	中共四川省委	提出促进科技成果中试熟化。加强财政支持，建立面向高校和科研院所的中试平台。推动中试平台以行业共性技术和产业需求为导向，开展概念验证、技术成熟度评价、中试熟化和小批量试生产。加大中试项目支持力度。
2021年	《关于进一步支持科技创新的若干政策》	四川省人民政府	提出支持现有中试研发机构升级改造，建立跨高校院所的省级新型中试研发平台，探索"先中试、后孵化"模式。中试研发资金由政府支持、企业参与、成果完成人和转化人分担。
2021年	《四川省国民经济和社会发展第十四个五年规划和二〇三五年远景目标纲要》	四川省发展改革委	提出推动"两院"院士和中央科研单位科技成果在川转移转化，开展中试放大、技术熟化、工程化配套和产业化示范，支持企业与科研院所、高校共建高水平研发机构、中试基地、成果转化基地。
2021年	《四川省技术创新中心建设运行管理办法》	四川省科技厅	提出依托高校、科研院所的优势学科和科研资源，协同开展关键共性技术攻关、成果转移转化和技术创新服务。
2018年	《四川省促进科技成果转化条例》	四川省人大常委会	提出省科学技术计划资金和各级科技成果转化财政经费应当支持科技成果转化的中间试验。

续表

时间	政策名称	发布单位	主要内容
2018 年	《成德绵国家科技成果转移转化示范区建设实施方案》	四川省政府办公厅	提出推进国家科技重大专项成果转移转化，推动高校和科研院所科技成果转移转化，推动企业成为科技成果转移转化主体，培育专业化科技成果转移转化机构。

成都市作为四川省中试产业发展的先驱，将中试产业的发展作为科技创新与科技成果转化难题的重要突破口，在中试产业发展政策体系上取得许多进展。

首先，成都市高度重视中试产业的发展。2021 年出台的《关于全面推进科技创新中心建设加快构建高质量现代产业体系的决定》明确提出要"支持建设面向高校、科研院所和企业的中试熟化平台，布局中试共享生产线、检验检测中心、轨道试验线和公共试验设施，支持开展概念验证、技术成熟度评价、中试熟化开发和小批量试生产"。2022 年出台的《成都市"十四五"科技创新规划》进一步落实上述决定的内容，明确要"建设大型科研仪器设备共用共享服务平台，布局中试共享生产线等公共试验设施，建立面向高校、科研院所、企业等创新主体的中试平台"。

其次，在全省范围内首次出台《成都市概念验证中心和中试平台资助管理办法（试行）》，对概念验证中心和中试平台进行界定，并对建设主体、政策支持、监督管理等多个方面进行了细化，出台了《成都市进一步有力有效推动科技成果转化的若干政策措施》《成都市深化职务科技成果权属改革促进科技成果在蓉转化实施方案》等一系列配套政策，构建了涵盖土地、人才、资金等资源要素中试产业政策体系。

表3-3　成都市出台的中试相关政策

时间	政策名称	发布单位	主要内容
2024 年	《关于进一步促进民营经济发展的若干政策》	成都市委办公厅、成都市人民政府	提出支持民营企业建设一批面向社会开放的概念验证中心、中试平台，择优给予补助，对中试平台按设备购置费用的一定比例给予补贴。

续表

时间	政策名称	发布单位	主要内容
2024 年	《成都市建设西部中试中心实施方案》	成都市政府办公厅	聚焦中试平台建设、中试服务能力提升、中试生态构建、西部中试品牌打造等方面，对建设西部中试中心相关工作进行部署细化。
2023 年	《成都市概念验证中心和中试平台资助管理办法（试行）》	成都市科学技术局	对概念验证中心和中试平台进行界定，并对建设主体、政策支持、监督管理等多个方面进行了细化。
2023 年	《成都市进一步有力有效推动科技成果转化的若干政策措施》	成都市委办公厅、市政府办公厅	提出支持中试平台建设用地实行差异化土地供应价格，支持中试平台建设用地纳入新型科研设计用地管理，自持全部物业的可按规定以不低于基准地价的 70% 确定挂牌出让起始价。在确保程序不少、内容不缺、标准不降的前提下，构建环评、能评、安评等绿色通道，强化用地、用水、用气、用热、用电、用网等保障。
2022 年	《成都市"十四五"制造业高质量发展规划》	成都市经济和信息化局	提出打造一批新型研发机构，开展交叉学科研究、工程化与中试、产业化推广等研究，形成重点产业重点领域创新支撑。
2022 年	《成都市"十四五"科技创新规划》	成都市科学技术局	提出建设大型科研仪器设备共用共享服务平台，布局中试共享生产线等公共试验设施，建立面向高校、科研院所、企业等创新主体的中试平台，推动概念验证、技术成熟度评价、中试熟化开发和小批量试生产。
2021 年	《关于全面推进科技创新中心建设加快构建高质量现代产业体系的决定》	中共成都市委	提出加快新技术、新产品产业化应用，支持建设面向高校、科研院所和企业的中试熟化平台，布局中试共享生产线、检验检测中心、轨道试验线和公共试验设施，支持开展概念验证、技术成熟度评价、中试熟化开发和小批量试生产。
2021 年	《成都市科技创新中心建设条例》	成都市人民代表大会常务委员会	提出创新产业用地供应政策，对用于融合研发、设计、检测、中试、新经济等创新性业态的产业用地，可以按新型产业用地管理；市和区（市）县人民政府有关部门应当支持科技服务机构的发展，鼓励其创新服务模式，延伸服务链，为科技创新和产业发展提供中试孵化、检验检测等专业化服务。

续表

时间	政策名称	发布单位	主要内容
2021 年	《成都市国民经济和社会发展第十四个五年规划和二〇三五年远景目标纲要》	成都市发展改革委	提出探索推进高校、科研院所科技成果中试熟化，落实科技成果转化相关税收优惠政策；支持企业引进国内外科技成果在产业功能区实施转化，构建从研究开发、中试熟化到工业化试生产的全链条服务平台；加快布局公共设计平台、中试生产线、检验检测中心、轨道试验线和公共试验设施。
2021 年	《成都市深化职务科技成果权属改革促进科技成果在蓉转化实施方案》	成都市科学技术局等 11 个部门	提出探索科技成果中试基地与产业化载体运营新模式，支持建设科技成果中试基地，在科创空间建设众创空间、企业孵化器、硬核科技"二次开发"实验室、中试共享生产线、公共技术平台以及重点产业垂直孵化器等载体，为成果转化提供从实验研究、中试熟化到生产过程的"一站式"科技服务。鼓励国有创投机构和创投团队跟投在蓉转化的中试研发和成果转化项目。

2. 青白江区科技创新平台支持中试产业实践探索

青白江区是国家重要的老工业基地和四川省重要的化工、冶金基地，在新材料、新能源、高端能源装备制造等领域具备良好的产业配套基础，产业工人储备丰富，是全市产业建圈强链中新型材料产业生态圈、碳中和产业生态圈和成德高端能源装备集群的主要承载地。

近年来，在各级政府的支持下，青白江区充分发挥中试产业在科技创新中的牵引功能，探索出以企业建设中试平台促进产学研合作等转型发展路径；截至 2022 年底，已累计建成先进金属材料研究院等各类技术创新平台 49 个，通过中试孵化实现产业化项目 15 个，促进主导产业由传统的冶金、化工转变为先进材料和智能制造，成功创建国家高性能纤维高新技术产业化示范基地、国家新型工业化产业示范基地（绿色建材），老工业基地转型成果作为全国城市转型唯一案例入选联合国《中国人类发展报告特别版》。

表3-4　青白江区重点科技创新平台

序号	名称	级别
1	川化集团有限责任公司国家企业技术中心	国家级
2	中国重汽集团成都王牌商用车有限公司技术中心	省级
3	成都天翔环境股份有限公司技术中心	省级
4	四川三洲特种钢管有限公司技术中心	省级
5	成都天马铁路轴承有限公司技术中心	省级
6	成都焊研威达科技股份有限公司技术中心	省级
7	成都玉龙化工有限公司技术中心	省级
8	巨石集团成都有限公司技术中心	省级
9	成都丽雅纤维股份有限公司技术中心	省级
10	成都蜀虹装备制造股份有限公司技术中心	省级
11	中铁二局第四工程有限公司企业技术中心	省级
12	成都瑞奇智造科技股份有限公司技术中心	省级
13	成都中节能再生能源企业技术中心	省级
14	成都建工工业化建筑有限公司技术中心	省级
15	成都红旗油脂有限公司技术中心	省级
16	中铁八局集团第七工程有限公司技术中心	省级
17	成都思立可科技有限公司技术中心	省级
18	成都市和乐门业有限公司技术中心	省级
19	成都瀚江新材科技股份有限公司技术中心	省级
20	成都先进金属材料产业技术研究院股份有限公司企业技术中心	省级
21	四川维珍高新材料有限公司企业技术中心	省级
22	成都正西液压设备制造有限公司企业技术中心	省级
23	四川金汇能新材料股份有限公司企业技术中心	省级
24	四川省玻璃纤维工程技术研究中心	省级
25	四川省三嗪阻燃材料工程技术研究中心	省级
26	四川省先进金属材料增材制造工程技术研究中心	省级
27	四川省三聚氰胺功能材料制备技术工程实验室	省级
28	成都先进金属材料产业技术研究院股份有限公司	省级
29	四川省低碳新材料中试研发平台	省级
30	成都科利隆生化有限公司企业技术中心	市级

续表

序号	名称	级别
31	成都江河幕墙系统工程有限公司企业技术中心	市级
32	台玻成都玻璃有限公司企业技术中心	市级
33	四川佰汇混凝土工程有限公司企业技术中心	市级
34	成都锐龙机械制造有限公司企业技术中心	市级
35	成都中泰新材料有限公司企业技术中心	市级
36	华鼎国联四川动力电池有限公司企业技术中心	市级
37	四川华一众创新材料有限公司企业技术中心	市级
38	成都天保节能环保工程有限公司企业技术中心	市级
39	四川齐能新型材料有限公司企业技术中心	市级
40	成都垃圾焚烧处理与资源化工程技术研究中心	市级
41	成都玻璃纤维工程技术研究中心	市级
42	成都特种智能焊接设备工程技术研究中心	市级
43	成都特种金属连接工程技术研究中心	市级
44	成都市产学研联合实验室	市级
45	玉龙化工——四川大学产学研联合实验室	市级
46	四川维珍——川大产学研联合实验室	市级
47	丽雅纤维——南京林业大学产学研联合实验室	市级
48	文澜智谷中试平台	市级
49	先进金属材料中试平台（原成都先进金属材料产业技术研究院）	市级
50	金汇能负极材料中试平台（原成都市新材料中试研发平台）	市级

3. 科技创新引领中试产业发展的青白江认识

青白江区充分发挥中试产业在应用创新、集成创新中的独特联结优势，将中试产业嵌入现代产业体系中，与创新链、技术链、产业链、价值链、供应链、服务链形成了深度耦合、互促互补的新格局。

青白江区深刻认识到科技创新在中试产业创新链的关键地位，是整个创新链循环运转的开始，通过推进科技创新、提升研发水平来启动整个创新链的循环运转，支持中试产业的发展。在中试过程中，不仅对已有科研项目进行验证，还在验证阶段催生全新的科研方向。中试环节对实验和装备要求较高，涉及大量原创的新设备和新装备，是高端装备制造企业创新的主要源泉。为此，青白江区健全校院企地合作机制，设立产业技术创新联盟、新型研发机构，打通产品到商品关键环节，逐步构建创新链，以提升中试产业科技创新的后劲，同时为现代化产业体系注入活力。具体措施包括：

第一，健全校院企地合作机制。先后与四川大学、西南交通大学等 50 余所高校院所建立长期合作关系，满足实验室到中试项目现场 1 小时通勤需求。截至 2023 年底，建立市级产学研联合实验室 4 个，52 家企业与高校和科研院所建立长期技术合作，实现 120 项"企业需求—高校成果"精准匹配。

第二，设立产业技术创新联盟。在新材料、新能源、装备制造等优势领域推动文澜智谷、340 科创园和欧洲产业城中试产业示范基地建设，为企业在科技研发、金融支持、成果转化等方面提供更加优质高效的服务。

第三，支持订制研发。鼓励高校和科研院所聚焦企业需求开展"定制研发"，深入实施增强制造业核心竞争力和技术改造专项工程，全面融入"一带一路"科技合作区和国际技术转移中心建设，推进高校和科研院所科技成果转化。

第四，支持企业应用技术创新。建设企业技术中心等创新平台，发布企业创新需求清单，组建创新联合体，支持企业参与国际创新合作。截至2023 年底，青白江区新增专精特新企业 34 家、创新型中小企业 56 家。

第五，推进军民科技协同创新。充分利用自身优势，引育一批军工资格企业，支持重点企业承接军民科技项目工程化研究和产业化应用，打造军民科技协同创新示范。

青白江区基于实践发现，中试产业的关键在于链接科技创新成果与现实生产力，这就意味着科技创新的主要发力点在于技术应用而非基础创新。技术链的核心作用是完善中试产业技术链条、实现技术转化、提升产品性能、保证生产质量。将科技创新成果与市场需求紧密结合，推动整个产业转型升级。在这一理念指导下，青白江区大力支持企业开展技术改造，推动企业转型升级。

以成都市青白江区玉龙化工有限公司为例，青白江区政府积极支持其优化产品结构，鼓励其与四川大学国家高分子重点实验室建立产学研合作。通过强化中试阶段的应用研究，该公司成功开发了多项基于三聚氰胺原材料研发生产的高端阻燃剂、泡沫制品，这些产品已广泛应用于塑料制品、环境治理、汽车行业、芯片清洗等多个领域。截至 2022 年底，该公司已有 15 项科研成果通过中试实现产业化，并孵化了龙锦泰等 5 家公司。

同时，围绕前端研发的成果转化环节，聚焦装备制造、新材料、新能源三大领域，通过引进培育技术转移机构、组建科技成果转化专班、构建"基地＋基金＋平台"成果孵化转化机制，着力建强技术转移转化功能，构建顺畅高效的技术创新和转移转化体系。

青白江区体会到，中试产业科技创新通过构建行业集群，有效推动产业集聚，从而提升产业核心竞争力。在现代制造业中，提高生产效率、降低成本、提高产品质量需要从产业链的各个环节入手，包括研发、生产、销售和服务等方面。以汽车产业为例，汽车产业链涵盖了供应商、制造商、经销商和售后服务等多个环节。在这个产业链上，科技创新已经成为企业竞争的核心。如汽车制造商不断推出智能驾驶技术和自动化生产技术，以提高生产效率和车辆安全性，并适应新的市场需求。供应商也通过提高零部件的质量和降低成本来增强竞争力。

此外，科技创新也可以促进产业链的协同和整合，推动产业链的升级和转型。比如，通过零部件共享和供应链管理系统的升级，可以提高产业链中各个环节之间的协同效率，从而提高整个产业链的效率和质量。

青白江区以新能源、新材料、装备制造三个赛道为抓手，积极推动产业链与科技创新相结合。以新能源为例，青白江区已初步形成以重汽成商为链主企业，以新全义、大矩机械、君斯豪隆、华鼎国联等 10 多家涵盖"三电"系统、车身制造等汽车零配件生产公司为配套的产业集群。

专栏 3-1　340 科创园，着力金属新材料创新研发

以成都材料院为代表的 340 科创园，聚焦国家钛及钛合金材料、钒基功能材料等前沿、战略必争领域创新需求，精准立项，重点攻关 HQT 用系列规格 K500 合金锻棒、飞机起落架用某高强结构钢等项目，解决了一系列"卡脖子"技术难题，其中 HQT 用系列规格 K500 合金锻棒已成功应用于某型号舰船，成功试制出国内最薄规格（5＋1）毫米钛钢复合卷。瞄准航空航天、海工舰船、兵器工业、能源交通等领域高端客户需求，结合成果转化的不同阶段，建立差异化"施肥"，对钛钢复合板、高精度钛合金丝材等 10 项创业育成项目精准培育，将具备产业化条件的丝材、管材等项目纳入转化平台建设，打通"科学—技术—产业化"的科技成果转移转化路径，构建"专精特新"产业生态链。

青白江区发现，中试产业不仅在创新链、技术链中发挥支撑作用，在产业链发挥先导作用，同时还在价值链中扮演着提升生产效率和产品质量的驱动因素。科技创新一方面能够创造新的价值链，使企业进入新的领域并获取更多的利润。如互联网、移动互联网、人工智能等新领域的兴起，给企业带来新的商业模式和产品形态。另一方面，科技创新有助于打破传统生产和经营模式，创造更高效、更低成本的供应链和销售渠道，塑造新的产业格局，使得企业能够更好地适应市场竞争和迅速变化的顾客需求。

为适应这一变革，青白江区将科技创新作为抢占价值链核心位置的重要抓手。一方面，通过政策引导加大对科技创新的支持力度，出台《关于加强科技创新促进制造业高质量发展的扶持政策》，对各类型企业开展科技创新活动进行分类指导。另一方面，通过营造宽松的环境，激发创新活力。

　　青白江区注意到，大量企业有将中试环节独立出来的潜在需求，但却受阻于相关上下游材料设备、试验服务的供应链不完善。中试环节由于批量多、单批规模小，资源配置难以完整，影响了中试产业科技创新的专业度和深度。为推动中试产业科技创新，青白江区从一开始就将供应链摆在了重要位置，注重供应链管理和科技创新相互促进，通过科技创新提高供应链管理效率和质量，帮助供应链管理更好地适应市场变化和优化管理流程。

　　公共仓储作为现代供应链管理的核心环节，是物资流转、信息流通的重要枢纽，也是中试产业科技创新活动的前置保障。青白江区充分发挥自身坐拥成都国际铁路港的优势，通过聚焦公共仓储、代理服务等关键环节，以公共仓储设施改造升级和分拨结算中心建设支撑中试产业科技创新。该港区建设冷藏库、恒温仓等多类别高标仓，保障中试产业所需各类生化试剂有效运抵，提升科技创新活动响应速度，优化供应链仓储配送管理，实现仓储配送有机衔接。青白江区还充分发挥综保区保税仓储功能，实现中试产业采购供应、仓储配送、试验创新活动等供应链环节高效运作。通过高效协同的国际贸易代理服务体系，他们能够有力保障中试产业科技创新活动，为供应链整体运行提供系统高效的服务支撑。在代理服务方面，青白江区聚焦提高中试产业中外向型企业供应链整体运行效率，打造一体化供应链集成服务平台，推进融入全球体系的供应链体系、价格体系和渠道体系。

　　截至2023年底，成都国际贸易产业园和"一带一路"进出口商品交易展示中心正在加速建设，已经吸引了多家供应链管理企业，集聚了1000多家国际货代、报关报检等专业服务机构，建成了蓉欧港贸等供应链综合服务平台。

　　中试产业的科技创新活动对应着包括"概念验证平台—公共技术服务平台—打样中心—中试基地"全链条的产业服务体系。这表明，服务链已是中试产业科技创新的重要组成部分。其内在机理包括：一是科技创新是服务链升级的重要促进力量，如引入人工智能技术和物联网技术，可实现服务智能化和自动化，进而提高服务效率和质量。二是服务链有助于反哺科技创新活动的效率和水平；服务链也是科技创新的重要场景和实验室，服务链中的各个环节都可以成为科技创新的切入点和验证点。通过对服务环节的优化和改进，企业可以挖掘出新的商业机会和创新点，创造更多的价值。

青白江区在推动中试产业发展时，以创新理念为引领，充分整合人才、技术、资本和科技服务等创新资源，以企业需求为中心，迅速建设开放共享型中试基地。具体措施包括：一是通过实施"一带一路"中试开放共享行动，不断增强国际门户功能，建设成果转化中心和服务平台，积极促进前沿科技成果引进和项目"走出去"；二是实施成渝地区创新成果转化协同行动，加强与成都都市圈、成渝地区双城经济圈的产业合作，深化干支协同，构建"研发＋转化""终端产品＋协作配套""总部＋基地"的中试服务与创新发展格局；三是实施西部（成都）科学城联动共赢发展行动，密切联系科学城，以成果转化为引领，承接科学城相关企业和中试服务，共建"创新策源＋成果转化"协同创新体系，形成服务成都、供需结合、可持续发展的三级服务网络与创新发展格局，实现成渝地区成果转化与协同创新。

| 第二节 |

人才培养：用好中试产业的第一资源

1. 立足国家、省、市人才战略

人才培养是中试产业发展的重要保障。通过引进和培养高素质的人才，提高中试产业的人才素质和创新能力，为中试产业的持续发展提供

强有力的人才保障。

人才是党和人民事业未来发展的基石。党的十八大以来，以习近平同志为核心的党中央为了加快建设世界重要人才中心和创新高地，围绕着人才强国这一重大战略和实践问题，提出了一系列新理念、新思想。作为国家科技人才评价改革综合试点省份，四川省委、省政府认真学习贯彻习近平总书记关于做好新时代人才工作的重要思想，深入实施新时代人才强省战略，启动实施四川海外引才"海聚计划"，深入实施基础研究（前沿技术）领衔科学家、优秀青年科技人才"顶青"专项等，最大限度激发人才创新创造活力；出台全国首个省级产业科技人才教育一体发展规划，推进产业科技人才教育相互赋能、高效融合，大力集聚爱国奉献的各方面优秀人才，为全面建设社会主义现代化四川注入强劲动能。本书在此主要梳理了部分地区中试人才的相关政策。

表 3-5　部分地区中试人才相关政策

时间	政策名称	发布单位	主要内容
2023 年	《成都市支持制造业高质量发展若干政策措施》	成都市人民政府	提出实施产业建圈强链人才计划，赋予"链主"企业等市场主体人才评审权，对入选人才给予 30 万元资金资助，以及子女入学、人才安居、交流培训等配套服务。对"链主"企业新引进急需紧缺专业技术人才，给予最高 3000 元/月的安家补贴。对重点产业重点领域作出突出贡献、年收入高于 40 万元的高端人才，按其年度个人收入的 5%－20% 给予奖励。
2023 年	《成都市概念验证中心和中试平台资助管理办法（试行)》	成都市科学技术局	首次取得技术经纪专业高、中、初级职称并受聘成都市备案概念验证中心、中试平台的技术经纪（经理）人，分别按 10000 元、5000 元、2000 元标准补助聘用机构，其中奖励给受聘个人的部分不低于 50%。

续表

时间	政策名称	发布单位	主要内容
2023 年	《支持中试产业人才引育的若干政策措施》	青白江区人民政府	围绕发挥领军人才示范带动作用、发挥工程师人才动力引擎作用、发挥工匠人才技能支撑作用、发挥科技服务人才助力转化作用、构建中试产业人才宜居宜业生态等方面，通过实施"科学家－工程师－企业家"领军带头行动、技术服务人才产业护航行动等，完善对中试各环节各领域人才的支持，同时升级人才绿卡、提供住房租购补贴等，全面优化人才服务。
2022 年	《洛阳市中试基地建设推进方案》	洛阳市人民政府办公室	鼓励中试基地建立人才流动机制，以中试项目为核心，开展人才跨主体流动，以"人才流"带动"技术流"。对于依托中试基地转化的项目，鼓励中试基地建设主体参股孵化，形成面向市场、供需结合、可持续的良性发展模式。
2022 年	《新乡市中试基地建设推进工作方案》	新乡市人民政府办公室	鼓励高校院所教师、科研人员等到中试基地兼职，认可其在中试基地的工作业绩，并作为考核和职称评聘的相关依据；在成果归属和收益分配达成一致的前提下，允许科研人员携带科技成果到中试基地开展技术开发和孵化企业，并享受相关政策待遇。
2021 年	《广西科技成果转化中试研究基地建设实施方案（试行）》	广西壮族自治区科学技术厅	在广西科技计划中安排中试基地建设项目，形成稳定的支持政策，并制定相应的政策，在人才、土地、税收、项目、资金等方面给予必要的政策支持。
2020 年	《山西省建设人才强省 优化创新生态的若干举措》	中共山西省委人才工作领导小组	大力支持企业引才聚才，凡企业与高等院校、科研院所、公立医院合作建立的研发中心、中试基地等机构，其中具有高级职称或博士研究生学历的企业高层次人才可以入编事业单位。

2. 青白江区中试产业人才培养模式实践探索

在中试产业发展的具体实践中，青白江区深刻认识到人才在推动科技成果顺利转化方面的重要性，只有各层次人员协同参与，共同疏通整个转化环节的"堵点",才能做到从实验室走向市场。因此,2023年11月,青白江区出台《成都市青白江区支持中试产业人才引育的若干政策措施(试行)》,提出实施"科学家—工程师—企业家"领军带头、工程应用人才集聚倍增、工程技术人才培育储备、模范工匠贡献奖励、技能标兵锻造提能、技术服务人才产业护航六大行动。重视把理论创新、工程实践、产业推广等环节有机结合起来,积极培养具有"产业思维的科学家"与"具有科研思维的工程师"。

以玉龙化工为代表的企业在继续与高校、科研院所保持技术联合开发的同时,提出了"开放股权,深度融合"产学研合作新模式。通过开放公司股权,吸引高校、科研院所技术团队以成果入股,共同成立公司,实现科学家和企业家的创新融合,探索出"科学家+企业家+工程师"模式。科学家负责"从0到1"的科技创新,引领中试产业的前端原创研发成果;成果转化工程师负责"从1到100"的中试放大,将原创技术推向市场,并实现产业化突破,促成科研成果转化;企业家负责"从100到N"的市场推广,将创新成果顺利转化为面向市场的产品。通过这一模式,打通科技成果转化通道,实现了专家、企业"全程参与、深度互动、风险共担、成果共享"的局面。这促成了企业和科研院校产学研合作的落地与良性循环,使实验室科研成果真正转化为生产力,促进院校科研和企业产业的同步快速发展,形成了"研、学、产、金、服、用"一体化协同创新体系。

截至2023年,通过这一模式已培养出的各类复合型人才超100人,将15项技术成果产业化,并孵化出6家科技型企业,相关产业化成果获2018年国家技术发明奖二等奖、2016年中国专利金奖、四川省科技进步奖二等奖等荣誉,具有科研思维的工程师团队被成都市科协聘为"新材料/碳中和中试产业服务团"。

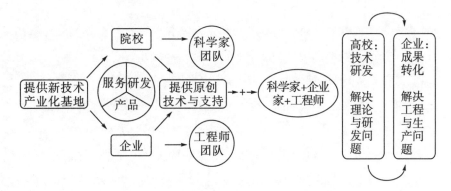

图3-1 "科学家+企业家+工程师"模式

专栏3-2 年轻的工程师,谱写青春的热诚

　　玉龙化工成立成果转化工程师团队,吸纳了一大批高层次人才。以钟诚、温晓雨、王林燊为代表的工程师们,扎根青白江区,投身科技成果转化工作。

　　2010年,钟诚毕业后进入一家央企工业设计院,他一直负责国外工程总承包项目。他跟随"一带一路"建设的脚步将来自中国的工程技术带向全球,见证了诸多海外工程奇迹,积累了丰富的工作经验。一直以来,他希望中国的技术团队能用上自己的核心技术。一天,他无意之中了解到青白江区提出建设面向"一带一路"的国际中试产业基地,积极建设"文澜智谷中试平台",这更能展示和体现自己的人生价值。因此,他毅然辞职,选择加入玉龙化工成果转化的工程师团队。

　　刚进入玉龙化工,钟诚就接到了石碧院士团队的工业污水回用技术产业转化项目。该项目在前期已进行了50吨/天、100吨/天的中试验证,当时正在进入产业化的关键时期,任务艰巨。与以往设计院所负责的项目不同,这个项目作为新技术,并没有太多可参照的样本,一切都需要自己挖掘。钟诚迅速调整从前的工作方法,通过科研思维解决工程化问题,以科学理论疏通原创技术转化过程中遇到的瓶颈。经过与工程师团队反复实验,摸索设备极限参数,以此反推定性设备所需数据，并将数据反馈给高校科研团队反复校验理论可行性，最终完成了该项目的定型化设计，为公司带来数百万元的收益。

"能将院士专家团队的原创技术推向市场，并实现产业化突破，这让我有了前所未有的成就感，也更坚定了信心！"钟诚说，项目的整个研发过程让他受益匪浅，也让他多年的工程经验得到了价值体现。

温晓雨在就读四川大学化学工程学院研究生期间便是导师的骄傲，共发表SCI论文2篇，其第一作者SCI论文影响因子达9以上。当初在学校得知玉龙公司正在和石碧院士、王琪院士做科技成果转化，还取得了国家技术发明奖的荣誉，她萌生了投身中试产业的想法。2020年她硕士毕业后，放弃继续读博的机会，毅然选择青白江来到玉龙化工这个大平台，加入企业一年便担任中干正职，现已成为成都新材料学会副秘书长，获得青白江产业英才荣誉。

王林燊研究生期间发表SCI论文2篇，在研三秋招期间，了解到公司正在从事科技成果转化，拥有较好的发展平台与空间，能实现自己的梦想，便在研三放弃其他多家公司邀请，加入团队，现已成长为成都新材料学会副秘书长、园区科协秘书长，获得青白江产业英才、2021年成都科协系统先进个人荣誉。玉龙公司大专及以上学历员工占比95%，其中研究生5人；拥有正高级工程师1人，高级工程师20人、工程师30人、知识产权内审员1人，其他全方位工匠人才27人。工程师解决工程化放大及设备问题，企业解决产品市场化问题。通过科技赋能、产业赋能、管理赋能、金融赋能，源源不断地转化高新技术项目，培育产业生态。玉龙公司的工程师们用辛勤的汗水，将科技成果转化率提升到100%。这种神奇，不是神话，而是真真切切的事实。工程师们的科技创新成果通过青白江区建设的面向"一带一路"的国际中试产业基地，借助中欧班列，将来自中国的工程技术带向全球。

3. 青白江区中试产业人才链构建探索

青白江区认识到，中试产业创新链的发展需要高水平的技术人才和管理人才的支持，提出建设科技引领型、企业家型、工程应用型、产业服务型"四支队伍"，形成了支撑中试产业发展的人才链。

在引进产业领军人才方面，对中试"两院"院士、战略科学家、科技领军人才实施专项招引行动，引进石碧、王琪、成会明等院士专家团队，按照"一人一策"，在团队组建、场地建设、项目申报、资金扶持、住房保障等方面给予支持。对成功孵化且落户青白江区的中试项目，可给予领军人才团队股权激励支持。推行创新创业基地引才、项目合作引才、校地平台引才等多种柔性引才模式，建设科创中国·先进材料会地联合创新中心、中科协海智计划四川（成都国际铁路港）工作基地，建立国内外顶尖人才引进绿色通道，招引诺贝尔奖获得者、"两院"院士、国家"千人计划""万人计划"、曾任职世界 500 强企业总部或国际知名研发机构核心技术专家等海内外顶尖人才（团队）来区创业。

在培育专业技能人才方面，鼓励企业与高等学校、高职院校合作，通过定向委托培养、共享共建实训基地等形式，加大生产制造环节的技术型、操作型人才培育，分行业、分门类建立蓉欧工匠信息库，引进高层次人才 318 名。联合四川大学等高校在区内建设博士后科研工作站和创新实践基地，培育工程应用开发、中试研发熟化、成果产业化工程师队伍。对经认定的中试平台引进和培育职业技能型人才，给予中试平台经费支持。优先推荐中试转化工程师、技术经纪人、职业经理人纳入市级人才计划支持。支持经认定的中试平台和落户青白江区成功孵化的中试项目新引进工程硕士、博士等专业化人才，工作满一年的，给予中试平台、中试项目一次性奖励。对经认定的中试平台、落户青白江区成功孵化的中试项目企业，给予其高层管理人才区内住房购房补贴和人才公寓减免租金支持。

在壮大科技服务人才队伍方面，大力实施"智汇陆港"人力资源协同创新行动，积极培养技术经理（纪）人、孵化器管理、创业导师、技术成果评估、科技咨询、专利分析、项目管理等多层次科技服务人才。邀请高校专家、龙头企业技术负责人等组建科技服务团队，开展科技服务从业人员培训，提升科技信息服务能力，实现科技成果转移转化供需精准对接。

技术链在现代社会的技术创新和产业发展中扮演着极为重要的角色，青白江区也深刻地认识到这一点。在新能源、新材料以及装备制造这三个新的产业赛道上，青白江区积极将研发、应用、生产等环节连接在一起，形成了技术创新与产业实践有机融合的中试产业。以新能源为例，为强化人才的支撑作用，青白江区积极与成会明、王美贤、叶甜春等国内领军人才对接，成功引进相关产业院士级人才6名。

产业链的发展也离不开人才，青白江区深刻地认识到这一点。根据中试产业的发展，青白江区提出围绕新能源、新材料、装备制造三个新赛道，制定产业创新人才开发路线图，将人才作为一个产业来抓。针对这三个中试产业新赛道，青白江区深刻把握产业发展规律，根据产业发展周期推演不同阶段对产业创新人才需求的差异，并以此构建起一个完整的中试产业人才产业链。在中试产业发展的先导阶段，产业的发展需要在基础研究领域取得突破性成果的领军科技人才，以及能够准确研判技术和市场趋势的战略科学家。在这个阶段，青白江区积极与石碧、王琪院士等6个科研团队对接，寻找青白江区中试产业发展的突破点。在中试产业发展的萌芽阶段，从事应用技术开发及工程化研究的专业技术人才，以及懂得知识产权、投融资、法律等方面的专业人才则是其发展的重点。

青白江区依托老工业基地充足的产业工人这一基础，同时利用"第二产业大学"人才培养模式，吸纳了一大批优秀的专业人才，他们包括中国科学院金属所从事金属材料研究的张军博士、在化工新材料行业耕耘15年的产业工人赵舒丹、将专业技术产业化的工程师钟诚等。在中试产业的培育阶段，需要大量从事产品、服务、工艺和商业模式创新的专业技术人才、高技能人才以及懂得 IPO、知识产权等方面知识的资本运营人才。青白江区积极招引相应的人才扩充中试产业人才队伍，先后吸引了包括中国银行重庆分行原行长熊波、拥有多年投融资工作经历的企业投融资总监班文娟等一系列专业服务人才。经过持续的努力，青白江区已经形成涵盖"高层次人才—工程技术人才—技术转移人才"的三级人才梯队，为中试产业的发展奠定了深厚的基础，推动中试产业发展进入成熟阶段。

在中试产业价值链中，不同环节需要不同的人才来支持和推进。例如从试验验证到扩大化生产阶段，需要能够掌握复杂技术并具有生产线管理经验的高端人才；在营销销售阶段，需要具备市场营销技能和销售策略的专业人才。为满足中试产业价值链对不同人才的需求，青白江区实施工程技术人才扩容倍增行动。坚持"内培外引，强基固本"原则，高标准建设一批服务"一带一路"科技成果转化的教培基地，培养一批工业设计、自动化控制、检验检测等高层次创新型、应用型、技能型专业人才。一是加速工程技术人才集聚。建立蓉欧工匠信息库，紧扣新材料、装备制造、新能源三大产业建圈强链需求，建立紧缺人才、补链项目目录，明确需求岗位、专业、条件等具象化指标，动态发布人才招引清单，吸引高水平工程技术人才集聚。鼓励企业柔性聘用高校院所科技人员担任首席专家、技术总监、研究员、业务顾问等职务。二是搭建人才示范培育基地。布局"技能大师工作室""首席技师工作室"等，建设一批科技成果转化、中试熟化的教培基地，支持企业建立健全名师带徒和职工培训制度，加强应用型、技能型专业人才培育。支持校地企合作建设实训基地，联合培养工程硕士、工程博士等工程化人才，共同发起成立中试产业工程师学会。三是加强中试人才培养与激励机制。定期开展中试工程师等工程技术人才培训活动，提升技术人员在项目管理、工业工程、质量工程、产品工程、生产工程制造等方面的专业能力，规范程序分析、动作分析、作业分析、工艺分析等环节的工作流程。畅通人才交流与在岗培训通道，支持在地企业工程技术人才选派到中试产业研究院培养锻炼。加强中试工程师职业认定和人才奖补，支持中试平台引进职业技能型人才，给予个人相应标准的经费支持和政策优惠。

在中试产业中，人才培养与供应链结合可以实现相互促进，共同提高生产效率和企业竞争力。为推动人才与中试产业共同发展，在中试产业核心人才方面，青白江区依托"第二产业大学"人才培养模式，围绕整个中试产业链，引进高校毕业生，鼓励其到"第二产业大学"参与产业创新实践，将成果转化实践业绩作为考核标准，为成果突出人才提供进入政府部门任职的机会，或者进入高校任教的机会，让"第二产业大学"成为培养和筛选人才的舞台，缓解当前高校毕业生就业难的问题。同时，将"第二产业大学"作为面向产业端、市场端的"第二课堂"，根据企业在专业技术人才和供应链管理人才方面的需求，与高校共同制定专业的人才培养计划和方案，联合培养本科生和研究生，培养其工程实践和产业化思维，鼓励科研人员以市场需求为导向进行科研攻关。在供应链管理专业人才培育方面，青白江区鼓励企业针对中试产业供应链管理的需求，加强员工的供应链知识培训，使员工能够深入了解供应链的基本知识和流程，提高流程的透明度和管理的有效性，确保供应链的高效运转。同时鼓励搭建多样化岗位体系，根据中试产业需要的各类人才，从技术人员、供应链管理人员到销售人员等，企业可以通过搭建多样化的岗位体系，为员工提供广泛的职业发展机会，激发员工的工作热情和创造力。

中试产业发展需要高素质的技术人才和管理人才服务，以提高中试产业的技术水平和管理水平。同时，中试产业需要与人才服务机构合作，通过提供适合人才的培训和职业发展计划，吸引更多的人才参与产业发展。而人才服务机构也需要与中试产业企业合作，为中试产业提供适合的人才服务，包括人才招聘、人才培训、职业发展规划等。为支持中试产业发展，为中试产业人才提供优质服务，青白江区秉持"产才融合、人城互就"理念，优化科技服务人才培养机制，围绕有机液体储氢、高分子材料等重点领域打造一支具有高等教育背景、优秀专业水平、德才兼备、高效稳定的科技服务人才队伍。一是大力推进专业技术转移人才建设。深入实施"智汇陆港"人力资源协同创新行动，引导高校院所、研发机构科研人员及专业技术人员开展中试项目技术咨询、成果评价与应用、产业化辅导等中试经纪服务。出台技术转移服务平台建设及资金支持政策，吸引高校及科研院所来青设立科研助理、技术经纪等岗位。支持技术经纪人全程参与信息披露、价值评估、技术推广、对接谈判等科技成果转移转化全过程。吸引高层次的创业者进入科技中介领域。二是提升职业经纪人专业能力。联合青白江区科技创新服务中心、中试产业研究院及科技服务机构等组织开展技术经纪人、技术经理人培训，提升技术经纪人筛选科技成果、识别企业需求、组织对接活动等服务能力。完善科技服务人才评价体系，依托文澜智谷人才培训基地开展技术经纪从业资格培训服务，打造一支由初级、中级、高级人才组成的专业技术经纪人才队伍。三是激发专业技术转移人才内生动力。推广科技成果转化相关方利益捆绑机制，科技成果完成人可与成果转化人、技术经纪人共享成果转化收益。鼓励既懂技术又懂市场的专业人才成立技术经纪人事务所，从事专业科技成果转化服务，对实现在地转移转化的科技成果，按技术合同实际成交额给予技术经纪人相应比例奖励。

| 第三节 |

小试中试：发力中试产业的第一战场

1. 小试中试在产业创新中的重要作用

小试是为了验证和优化化学过程而做的探索和开发性工作；而中试则是在小试的基础上，通过更大规模的操作，考虑更多实际工业化的因素，以确保成功转化为可工业化生产的过程。小试中试是将实验室研究成果转化为实际应用，为产品的进一步生产和推广打下基础。同时，小试中试还可以帮助企业发现和解决生产过程中可能出现的问题，提高产品的质量和稳定性。

小试中试在科技创新和制造业发展的全过程都扮演着关键角色，对科技成果实现产业化和推向市场具有至关重要的作用。在现代化产业体系中，小试中试通过"实践—认识—再实践—再认识"这种形式，在实践与认识的往复迭代中走向高级化。

具体来讲，小试中试在产业创新中的关键作用体现在几个方面：首先，它通过技术验证与优化，将实验室研究成果进行实际验证，发现并解决问题，提高产品质量；其次，作为产业化前的关键过渡，小试中试是从理论到实际的关键一步，对将科研成果转变为实际应用至关重要；再次，通过降低投资风险，企业可以以较低成本进行试错，增加对新产品或新工艺的信心。小试中试还有助于生产工艺的优化，提高生产效率、降低成本，确保产品能够在市场中赢得竞争。此外，作为创新链的推动者，它促进技术创新从实验室走向产业化，形成完整的创新链。总之，成功的小试中试过程有助于提升产品竞争力，更好地适应市场需求，推动产业的可持续发展。

2. 青白江区小试中试的具体实践

小试中试是研发新产品的核心过程，对中试产业的后续生产和销售至关重要，也是将成果从理论转向实际的关键一步。青白江区秉持实践是对世界再认识的重要方式，在实践的过程中通过小试中试进一步深化对中试产业的认识，从创新链、技术链、产业链、价值链、供应链、服务链六个方面进行探寻。

创新链是通过知识创新活动将相关的创新参与主体连接起来，以实现知识的经济化过程和创新系统优化目标的功能链结构模式。小试中试在中试产业创新链中起着关键作用，有助于确保创新的可行性和商业化成功。青白江区充分认识到这一点，聚焦中试产业基地，采取一体化布局、系统性集成和一站式配置，对文澜智谷中试平台、340 科创园中试平台、欧洲产业城金汇能中试平台（简称"金汇能中试平台"）进行授牌。具体而言，青白江区在新材料、装备制造、新能源三大产业领域吸引高能级平台，在青白江区建设中试产业创新中心，强化了共性技术研发功能。此外，通过联合高校、院所和企业，以青白江区中试产业创新中心为核心建设多个小试中试熟化①平台，实现了系统集成创新、人才全链条培育、需求共享、资金链产业链双链伴生、价值链全过程管理等功能一体化。同时，青白江区推动创新中心与小试中试平台联动，采取"创新中心＋小试中试平台＋场景样板工厂"的模式，支持建设"成果应用样板工厂"，开展技术应用规范标准和场景商业应用验证，形成了商业场景验证试验功能。通过这些举措，青白江区全面强化了中试产业创新链中的共性技术研发、小试中试熟化和应用场景试证三大功能。

技术链是一个完整的技术开发和运用体系，包括技术研究、技术开发、技术转移、技术推广等全过程。发展中试产业有助于完善技术链条、提升产品性能、保证生产质量、实现技术转化。青白江区认识到技术链的重要性，以任务实施成效为衡量标准，以成果技术落地应用为引导，通过高效的产学研用协同推动技术链的发展。一方面，通过"政府发榜＋能者揭榜"模式，聚焦主导产业需求，每年发布科技成果项目需求清单，支持企业联合攻关，推动科技成果在青白江区的落地转化。另一方面，通过"企业出题＋协同答题"模式，聚焦新材料、高端装备制造等产业，支持中试产业研究院与企业联合攻关，提升技术成果对企业核心竞争力的支持效能。

产业链的形成可以促进产业协同发展，降低产品成本，聚集产业要素，提高产品的质量和市场竞争力。青白江区在发展中试产业时，树立

---

① 中试熟化是指从研发阶段经过中间试验以及进入市场初步形成新兴产业的过程。

"圈链思维"，重点培育中试产业的产业链，以新能源商用车为例，按照"八个清"① 的要求，制定了产业链图谱。青白江区积极对接各产业链主企业，新能源商用车产业已初步形成以重汽成都为链主企业，配套有新全义、大矩机械、君斯豪隆等 10 多家汽车零配件生产公司的产业集群。这一产业集群覆盖新能源轻、中、重卡市场，同时涵盖纯电、混动、氢燃料等三种技术路线，实现了新能源商用车产业链的基本畅通。

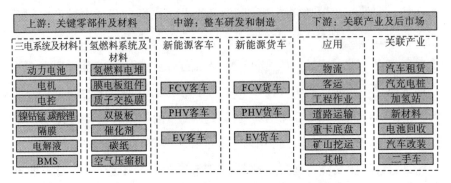

图 3-2 青白江区新能源商用车产业链图谱

小试中试在中试产业价值链中是从创新到商业化的重要过渡阶段，对产品或服务的成功上市和市场竞争力的提升至关重要。青白江区充分认识到小试中试的重要性，通过价值链两端的创新和营销，努力提升中试产业的整体价值链水平。在创新方面，青白江区坚持双创驱动，成立了多家创新创业载体，吸引项目入驻，并通过政策措施、人才引进、人才公寓建设等手段，为先进产业和人才引进提供支持。同时，已经建设了多个国家级技术中心、高新技术企业等科技创新平台。具体来说，青白江区成立了蓉欧创业大院、盛华科技企业孵化器、成都跨境电子商务产业园等 7 家创新创业载体，围绕先进材料、智能制造、跨境电商，有针对性地招引创业项目入驻。相继出台青白江区产业发展政策（黄金十条）、人才新政 30 条等多个政策，开工建设人才公寓 22.23 万平方米，

---

① 成都为推进产业"建圈强链"，梳理"八个清"工作要求，分别为：产业前沿趋势清、国际国内链主企业战略布局清、产业技术路线选择清、国际国内领军人才清、产业基金分布清、用地资源能耗现状清、本地平台资源优势清和安全风险清。

为先进产业发展和人才引进增添动力。截至 2023 年底，全区已有国家级技术中心 1 个，国家高新技术企业 144 家，省创新型中小企业 56 家，省市级院士（专家）工作站 5 个，省市级技术中心 32 个，国家、省、市知识产权优势示范企业 22 家，省市知识产权试点示范企业 11 家，市级新经济"双百工程"企业 4 家，科研院所 4 家；在营销方面，青白江区聚焦国际物流、公共仓储、供应链金融、国际货代及中介服务、平台经济、信息集成六大领域，大力发展国际供应链经济。

完善的供应链管理可以让企业以最低成本来获取最大的利益，同时可以提高企业的工作效率和生产效率。截至 2023 年底，青白江区依托自贸试验区、国家级经济开发区、综合保税区、国家进口贸易促进创新示范区等高能级平台，以及国家多式联运海关监管中心、汽车整车进口口岸、进境肉类指定监管场地、进境粮食指定监管场地等对外开放口岸叠加优势，建立起西进欧洲、北上蒙俄、东联日韩、南拓东盟的国际班列线路网络和陆海货运配送体系，连接境内外 138 个城市，累计开行国际班列超 2 万列，其中成都中欧班列累计开行超 1 万列。

小试中试是新产品开发早期的实验验证，用于确认产品性能、稳定性和可行性。虽然小试中试规模较小，包括实验室操作和小型设备，但其结果对后续的中试和大规模生产至关重要。供应链通过整合各环节资源，协同控制生产成本，为小试中试提供了便利。青白江区以信息集成为重点，推动区块链、云计算、物联网等新技术与供应链深度融合，加快建设华为、上海安能等 5 个数字赋能项目，实现供应链全周期智能化、自动化管理。同时，通过建立供应链信息集成平台，促进流通企业、生产制造企业和研发机构三方对接，实现供应链信息的实时共享可视，引导生产端优化资源配置，推动技术和产品创新。

当前，依托供应链信息集成平台，已整合成都天马、积微物联等辖区龙头企业与知名院校、研究机构的创新资源，建成先进金属材料研究院、高性能高分子研究中心等技术创新平台 42 个，共同推动减污降碳、碳捕集利用等关键核心技术成果运用，加快促进先进材料、智能制造等领域"卡脖子"技术集中攻关，不断提升国际供应链风险防范能力。

　　服务链涵盖了从产品研发到最终报废的整个生命周期。制造业是国家经济的核心，将科技成果转化为产业是技术研发与制造业密切结合的关键步骤。然而，由于缺乏专业的技术中试服务平台，科技成果最终实现产业化应用依然存在难题。青白江区深刻认识到技术中试服务平台的重要性，因此提前规划建设了中试产业小试中试共享服务平台。该平台包括先进金属材料产业技术研究院、高性能高分子材料研究中心、TCL光电科技电子中试平台等验证中心，用于强化对预转化科技成果的全面评估。青白江区还着力构建资源共享中心，加强小试中试设备资源的供应，打造一批开放的试验平台。同时，制定《青白江区中试平台认定办法（试行）》和《青白江区中试项目管理办法（试行）》，规范和推动中试平台的建设。通过数字技术和网络平台思维，建设中试产业服务平台，整合科技成果、人才、资金、企业、政策、知识产权等六大要素，为中试项目的投资融资、项目评估、孵化转化、成果交易等提供专业服务，有助于提升中试产业的竞争力，满足市场需求，增强产品的综合价值。

　　专栏3-3　TCL光电科技电子中试平台：电子制造中试平台引领者

　　　TCL光电科技（成都）有限公司是TCL旗下32个制造基地之一，依托中欧班列资源和青白江区综保区开放优势，TCL光电科技以SMT印刷、调试、组装为支撑，成立建设TCL光电科技电子中试平台，重点开展"电子电器、智能装备、新型显示器"产业化的中试放大等服务，是一个集中试、设计、试验、人才培养、技术集成与综合服务为一体的电子制造中试平台。

　　　目前，该中试平台配备高层管理类人员13人，电子专业工程师5人，专业技术类人员26人，拥有独家电子行业发明专利人员3人，计量管理类取证人员2名。此外，还配有专职IT技术员、体系管理员、环保安全专员、培训专员等专职岗位人员，最大程度上满足了中试平台的人才建设发展需求。除人才资源之外，该中试平台于 2023 年已全面导入"6＋1"系统，涵盖了整个企业生产系统、测试系统、供应系统、质量控制系统和后勤系统，能够实现数据的采集、处理和分析，最大程度地提高中试的生产效率和产品质量。

| 第四节 |

产业孵化：发展中试产业的第一要务

1. 产业孵化的青白江区行动

产业孵化是创新链中的某类主体为实施其发展战略，通过搭建孵化平台，聚焦特定产业（技术）领域，为创新者、创业者与初创企业、中小企业嵌入产业链提供全链条孵化育成服务，进而孕育或加速新兴产业成长成熟的过程。通过产业孵化，为初创企业提供全方位的支持和服务，包括政策扶持、资金支持、创业辅导等，帮助初创企业快速成长和发展，推动中试产业的繁荣和发展。在整个创新链中，产业孵化主要集中在市场活动与营销活动这两个阶段。

为深入贯彻实施创新驱动发展战略，迎接全球新一轮科技和产业革命浪潮，紧抓我国大众创业、万众创新的时代契机，青白江区以中试产业为抓手，扎实推动现代化产业体系，围绕创新链、技术链、产业链、价值链、供应链、服务链，全面激发全社会创新创业活力，持续推进我国从孵化器大国向孵化器强国迈进，为建设创新型国家贡献力量。

2. 青白江区构建全链条、多要素协作中试产业孵化网络

青白江区聚焦新能源、新材料、装备制造三个战略性新兴产业，围绕中试产业创新链上的市场活动以及营销活动两个环节，分别出台具有针对性的政策意见，助力中试产业健康发展。以新材料产业为例，制定出台《成都市青白江区关于促进产业发展若干政策》（青府发〔2018〕5号），通过支持新项目加快发展、鼓励原有企业上台阶、支持新建产业"园中园"，促进先进材料和先进制造业发展。"概念验证"也是中试产业创新链上重要的活动环节，青白江区围绕"概念验证"提出成立中试产业研究院。2023年，先进材料概念验证中心已落户青白江区。

无论是技术链还是产业链，产业孵化都属于后期市场化的一个环节。因此，本节将技术链与产业链融为一个整体，从产业孵化在后期市场化的作用进行展开。产业孵化在提供创业企业和中小企业产业服务的同时，扮演着安身立命之本和整合产业资源的重要角色。为此，产业孵化平台需在某一产业领域的关键环节具备竞争力的产业链资源，如工业设计、研发、中试检测、原材料生产、零部件供应、定制生产、规模制造、市场营销、知识产权运营以及科技成果转移转化等。专业孵化器成为孵化平台的代表趋势，青白江区紧跟此趋势，实施科技企业孵化聚集区提能升级行动，完善"众创空间＋孵化器＋加速器＋科创空间"孵化培育链条，提供"科创交流＋科创展示＋科创传媒＋科创培训＋科创加速器"等服务，构建中试项目孵化全链条、多要素协作网络，以提升中试产业孵化服务水平。具体措施包括：

第一，强化创新创业载体建设，聚焦装备制造、新材料、新能源领域，建设集研发设计、创新转化、场景营造等功能于一体的科创空间。推广创客空间、创新工厂等孵化模式，建立多层次的孵化培训体系，吸引更多创新团队、创新平台、投融资机构入驻科创园区，推动从成果孵

化、中试到产业化的转化。

第二，建立专业化科技创新服务平台，对高品质科创空间实施项目化、清单化管理，聚焦全生命周期科技创新服务需求，构建"科创空间＋专业化运营队伍＋创新创业载体＋科创基金"的创新服务平台，强化功能区专业化服务能力。

第三，建立科创交流展示渠道，通过双创载体持续开展人才、项目、成果、资金对接活动。每月发布中试平台、项目服务清单，定期举办中试项目路演、成果对接活动，集中展示新材料、装备制造、新能源最新技术和解决方案，推动科技成果在青白江区落地转化。

在产业价值链中，产业孵化位于研发设计和生产制造之间，是支持初创企业发展的环节。青白江区通过产业孵化提供先进设备、技术和人才支持，加速了研发设计的进展，推动了原始创新和技术改造，提升了整个产业水平。建设产业孵化园区有助于吸引外部投资，促进新兴产业发展，为整个产业链注入新动力。青白江区大力支持中试产业孵化工作，具体措施包括：

第一，制定出台相关政策，并通过相关政策措施提供补助和奖励。《关于建设面向"一带一路"中试产业基地的若干政策措施（试行）》明确提出：定期对外发布中试平台、中试项目服务清单、机会清单、需求清单，举办中试项目路演、成果对接活动。对在青白江区实现转化的中试项目、成功孵化的中试项目落户青白江区以及投资青白江区中试项目的社会资本给予一定奖励。

第二，吸引一批优质项目。青白江区在全国首次提出建设面向"一带一路"的国际中试产业基地，并且有着良好的中试环境，这也为后续吸引优质的中试产业项目奠定了基础。航天赛博作为青白江区属科创中试平台，自 2022 年底落户青白江区以来，面向信息与智能技术、军民两用特种装备等具备明显市场化前景的领域和方向，已建立 5 个实验室，完成 4 项核心科研成果研发，推动落地注册 5 个公司，依托三〇四所技术实力与产业资源，发挥产业链链主作用，构建"研发—中试—生产"的完整产业链，未来将持续为青白江区吸引优质产业落地。

供应链方面，产业孵化需要依赖高校和科研机构的科学发现和技术研发，同时也需要孵化器汇聚的资源和企业的需求信息。政府在战略规划和政策上提供支持是必要的，中介服务机构、金融及创投机构的专业孵化和投融资服务同样至关重要。青白江区在中试产业孵化阶段，通过供应链金融解决金融难题，为中试产业注入生机。青白江区实施中试"引导基金群"夯实基础，以"国资领投、联合投资"方式支持概念验证、小试、中试项目，建立覆盖企业全生命周期的基金支持体系。具体措施包括：

第一，招引私募创投机构。重点发挥成都市新经济基金、成都科创投集团梧桐树母基金、重产基金等政府引导基金作用，对以公司制、合伙制形式在青白江区注册的创业投资企业给予奖励。

第二，扩大天使投资政府引导基金规模。围绕"文澜智谷"、欧洲产业城和340科创园中试产业示范基地龙头企业和关键环节，设立规模10亿元的中试产业投资基金，放宽引导基金出资期限、杠杆要求和返投比例，按照"投新、投早、投小、投硬"原则专注投资种子期、初创期科技型企业。

第三，设立科技成果转化投资专项资金池。创新国有创投企业考核激励机制，对国有创投企业实行差异化周期性考核，建立健全风险容忍和尽职免责制度，打消国资国企因为部分项目亏损"被追责"的顾虑，激发国有创投机构的投资活力。

产业孵化是服务链的基础，为中试产业提供了关键资源和服务。服务链是对产业孵化的扩展，包括了孵化过程中企业成长所需的各种服务，如法律咨询、人力资源管理、资本运作等。为提升中试产业孵化服务水平，青白江区正在加快建设双创示范基地、科技企业孵化器和众创空间，引入专业服务机构，构建中试项目孵化全链条、多要素协作网络。通过组织科技成果项目路演和成果交易品牌活动，支持科技成果转化为产业化。同时，促进高价值专利应用，建设面向"一带一路"沿线国家和地区的转移项目信息数据库，推动科技成果在跨区域、跨国界的转移。

| 第五节 |

生产制造：夯实中试产业的落地场景

1. 立足国家、省、市制造业政策

　　生产制造是中试产业发展的最终目标。通过生产制造，将科技成果转化为实际产品，满足市场需求，实现经济效益和社会效益的双赢。同时，生产制造还可以推动相关产业的发展，形成产业链和产业集群，提高区域经济的整体竞争力。

　　我国是制造大国，生产制造是推动我国经济持续发展和民众生活水平提升的重要力量。党的十八大以来，我国制造业发展取得历史性成就，重点领域创新取得重大突破，产业规模持续增长，产业体系更加健全，产业链更加完整，综合实力和竞争力迈上新台阶，实现了量的稳步增长和质的显著提升。但与发达国家相比，我国生产制造环节还存在比较明显的短板弱项，主要表现在信息化水平不高、工业技术比较薄弱、高端产业的优势地位不明显等。为提升制造业核心竞争力，各级政府出台了一系列的政策，下面从国家、四川省、成都市三个层面梳理制造业发展相关政策文本。

　　具体包括：制定总体战略和计划，各级政府出台了一系列指导意见和规划，旨在制定中国制造业升级的总体战略和行动计划，推动产业向智能化、绿色化、服务化等方向转型升级；促进关键领域创新，各级政府出台聚焦于重点领域的政策，通过技术路线图等方式指导创新方向，加强高端装备制造业的发展，推动自主研发和产业化；推动信息化和工业化深度融合，以政策鼓励制造业信息化和工业化的深度融合，加速装备制造业向智能化转型，提高整体技术水平；财政支持和政策引导，通过中央财政支持等手段，推动制造业转型升级，提高自主创新和竞争力；

推动标准化和质量提升，政策以先进标准倒逼装备制造业转型和质量升级，推动制造业发展向中高端迈进；强调服务型制造发展，政策通过服务型制造发展，健全发展生态，利用新一代信息技术推动新制造、新服务的培育，促进制造业提质增效和转型升级；实施工业强基工程，政策强调实施工业强基工程，推进工业技术创新和现代化发展，以提高制造业整体竞争力；加强地方支持，地方政府出台了一系列支持政策，从打造产业集群、优化空间布局、推动数字化赋能等方面，助力制造业提升水平；突出高质量发展，政策明确提出高质量发展的具体任务和重点项目，强调先进装备制造业的升级和转型；强调智能制造和绿色发展，规划中突出智能制造为主攻方向，强调产业高端化、智能化、绿色化的发展，以提升制造业国际竞争力。这些政策共同构建了一个全方位、多层次的支持体系，旨在推动中国制造业朝着更高质量、更智能、更绿色的方向迈进，提高国际竞争力。

表3-6　国家、四川省以及成都市制造业相关政策

时间	政策名称	发布单位	主要内容
2015 年	《关于印发〈中国制造 2025〉的指导意见》	国务院	制定中国制造业升级的总体战略和行动计划，推动制造业向智能化、绿色化、服务化等方向转型升级。同时该指导意见明确提出要大力发展高端装备制造业，加强国家高端装备制造产业创新中心建设，促进高端装备自主研发和产业化。
2015 年	《中国制造 2025 重点领域技术路线图》	国家制造强国建设战略咨询委员会	聚焦十大重点领域创新的方向和路径，23 个方向将编制成路线图。
2015 年	《制造业信息化和工业化深度融合行动计划》	工业和信息化部	推进制造业信息化和工业化深度融合，加快实现装备制造业向智能化转型。
2015 年	《中央财政支持制造业转型升级若干政策》	财政部	通过财政支持，推动中国制造业转型升级，提高装备制造业的自主创新能力和竞争力。

续表

时间	政策名称	发布单位	主要内容
2016 年	《装备制造业标准化和质量提升规划》	质检总局	用先进标准倒逼装备制造业转型和质量升级，建设制造强国、质量强国，是结构性改革的重要内容，有利于改善供给、扩大需求，促进产品产业迈向中高端。
2018 年	《工业和信息化部关于实施工业强基工程加快推进高质量发展的指导意见》	工业和信息化部	实施工业强基工程，推进工业技术创新和装备制造业现代化发展。
2020 年	《关于进一步促进服务型制造发展的指导意见》	工业和信息化部等 15 个部门	以供给侧结构性改革为主线，健全服务型制造发展生态，积极利用工业互联网等新一代信息技术赋能新制造、催生新服务，加快培育发展服务型制造新业态新模式，促进制造业提质增效和转型升级，为制造强国建设提供有力支撑。
2021 年	《"十四五"信息化和工业化深度融合发展规划》	工业和信息化部	推动两化深度融合，对于加快新一代信息技术在制造业的深度融合，打造数据驱动、软件定义、平台支撑、服务增值、智能主导的现代化产业体系，推进制造强国、网络强国以及数字中国建设具有重要意义。
2022 年	《先进装备制造业高质量发展三年行动计划(2022—2024 年)》	工业和信息化部	提出了先进装备制造业高质量发展的具体任务和重点项目，推动装备制造业的升级和转型。
2023 年	《智能检测装备产业发展行动计划（2023—2025 年)》	工业和信息化部	着力突破核心技术、增强高端供给、加快推广应用、壮大市场主体，打造适应智能制造发展的智能检测装备产业体系，支撑制造强国、质量强国、数字中国建设。
2020 年	《关于推动制造业高质量发展的意见》	中共四川省委、四川省人民政府	从打造先进制造业集群、培育优质制造业企业、优化制造业空间布局、强化制造业科技创新支撑、推进制造业数字化赋能、推动制造业转型升级、推进制造业开放合作、提升制造业要素保障水平八个方面对四川省打造全国有重要影响力的先进制造强省提出指导意见。

续表

时间	政策名称	发布单位	主要内容
2021 年	《四川省促进制造业项目投资建设若干政策措施》	四川省人民政府办公厅	从重大产业项目、传统产业转型升级、创新成果转化、项目承载平台建设等12 个方面制定促进制造业项目投资建设的政策措施。
2019 年	《关于促进装备制造产业高质量发展的实施意见》	成都市人民政府办公厅	明确了成都市装备制造业发展的五个重点领域，以及加快功能区建设、深化科技创新、加强企业引育、促进优化升级、强化要素保障五条政策措施。
2022 年	《"十四五"制造业高质量发展规划》	成都市经济和信息化局	提出成都市制造业在"十四五"期间以智能制造为主攻方向，大力实施产业建圈强链，推动成渝地区产业协同，打造具有国际竞争力的先进制造业集群。
2023 年	《成都市制造业高端化智能化绿色化发展行动计划》	成都市人民政府办公厅	从加快制造业高端化发展、智能化发展、绿色化发展三方面明确了未来发展方向。

2. 青白江区推动中试产业落地的实践经验

青白江区作为老工业区，有深厚的制造基础。为促进制造业转型升级，青白江区委提出打造"科技创新、人才培养、小试中试、产业孵化、生产制造"五位一体的面向"一带一路"的国际中试产业基地，并在《每日经济新闻》记者专访中，对此进行了详细解读。[①] 下面将围绕中试产业推动现代化产业体系过程中的创新链、技术链、产业链、价值链、供应链、服务链分析青白江区在生产制造环节的做法。

青白江区在发展中试产业过程中，着力构建完善创新链，以创新链为基础推动生产制造。具体实践包括：

第一，通过军民科技协同创新为生产制造提供动力源。与航天赛博公

---

① 《每日经济新闻》专访，https://www.nbd.com.cn/rss/toutiao/articles/2255967.html。

司共同组建航天赛博产业技术研究院，引入特种无人机研发制造等 6 个涉及军工储备项目。支持巨峰玻璃、蜀虹装备、瑞奇智造等隐形航空材料、深海无人控制、原子反应中试装置项目产业转化迈出关键一步。

第二，支持企业开展应用技术创新。2022 年，组织高品质高温含钒轴承钢研制等 24 个科技项目获批省市科技政策资金支持。培育瀚江新材、瑞奇智造、金汇能等 3 家企业获批国家专精特新"小巨人"企业，其中瑞奇智造成为青白江区首家北交所上市企业；培育天马轴承、焊研威达等 10 家企业获批省级专精特新企业，同比增长 100%；台嘉玻纤、开源智创等 58 家企业获批高新技术企业，同比增长 59.7%。正西液压、锐龙机械等 7 家企业分别获批省、市级企业技术中心。

第三，推动科技成果产业化。先后与四川大学、西南交通大学高校院所开展合作，促成思立可与山东大学等"企业需求—高校成果"精准匹配 150 项。推动成都金属研究院获评四川省首批省级新型研发机构，鑫宏威与四川大学共建国内首家校企地应急装备科研联合实验室。

在制造业中，技术链为生产提供强大支持，提高了产品质量和生产效率。随着信息技术和数字化技术的迅速发展，制造业步入智能、数字、网络化新时代，需要深度融合生产和技术链。青白江区借助中试产业基地，在老工业基地"二次振兴"中推动数字化转型，重点培育新的经济增长动能。具体实践包括：

第一，大力打造工业互联网产业示范基地。依托成都高性能纤维材料产业功能区中的远洋资本青白江区大数据生态产业园、西南云计算智慧产业基地等数字经济项目，建立数字经济资源库，梳理培育目标企业库，积极招引数据采集、数据处理等大数据核心领域企业，构建数字化生态，催生数字经济新产业新业态。同时，大力推进制造业与数字经济融合发展，打造工业互联网体系，提升制造业数字化发展能力。逐步开展数字化车间、智能生产线、智慧工厂建设和上云用数，不断完善数字经济产业体系。以积微物联与阿里云共建"钢铁大脑"为样本，支持华为打造面向垂直行业和细分领域的工业互联网平台，引导成都天马、丰科等企业率先开展数字化改造，加快推动传统制造向产业数字化目标转变，加快打造工业互联网产业示范基地和智能制造示范园区。

第二，全面推动园区制造业数字化转型升级。组织华为（成都）智能制造创新中心、西门子—联晟赋能中心等数字化头部企业对园区企业进行调研分析，遴选出行业典型代表企业合作，通过数字化改造，在产品开发、工业设计、生产制造、质量管理、市场营销、售后服务等产品全生命周期先行先试，提出可行的数字化转型改造方案，推动青白江区工业互联网平台搭建，上架行业解决方案与数字化工厂改造服务，推动传统制造向智能智造、智能创造转变，通过打造标杆企业的示范作用，以点带面，全面推动园区制造业企业数字化转型升级。

第三，加速数字赋能撬动制造业迭代。制造企业数字化转型离不开政府的扶持。成都高性能纤维材料产业功能区制定了制造业企业数字化转型专项扶持政策，围绕数字化改造项目，对企业上云、购买数字化转型服务等，加大对企业的引导和扶持力度。同时，通过政府定期搭建平台举办科技沙龙，对数字化转型前沿科技、政策支持等进行宣讲，园区制造业企业与业界专家深入沟通交流，积极做好典型案例的挖掘，分行业、分领域总结好企业在推进数字化转型中的成功经验，形成政府、专业机构和制造业企业协同推进数字化转型的良好氛围。

生产制造是将原材料、零部件等进行组装、加工和生产，制造各类产品的过程，其目标是生成可销售的产品并供应市场供消费者购买。产业链将不同企业组合成一个完整的链条，以实现产品的全过程生产、销售和服务。生产制造在产业链中是一个环节，但它无法单独构建完整的市场和经济生态系统，也不能将产品推向市场。只有与产业链有机结合，生产制造才能协同发展，提高各环节效率和产值。青白江区认识到这一点，以"建圈强链"思维，推动生产制造与产业链深度融合。青白江区依托产业生态运营商集聚管理运营中试产业基地产业链资源，打造集企业管理、产品推广、企业孵化、金融服务等功能为一体的中试产业集群，加快构建中试产业生态体系。具体实践包括：

第一，组建中试产业生态运营商。2023 年 5 月，中试产业投资有限公司打造了全国首个面向"一带一路"的国际中试产业服务平台。平台以先进的数字技术为底座，以网络平台化思维为基础，集聚科技成果、人才、资金、企业、政策、知识产权六大要素，打造特色的线上中试产业研究院，意在收集一批、培育一批、应用一批"科产融合型专家人才"，为中试各阶段及成果转化所涉及的技术攻关、投资融资、项目评估、孵化转化、成果交易等提供专业服务。

第二，招引龙头链主企业。建立装备制造、新材料、新能源三大主导产业链长服务机制，采用一事一议、场景配套、绿色通道、项目合作、租金减免等政策手段，对接招引云南恩捷新材料、快仓智能、中氢科技等领军企业。为重大项目、重点企业建立全程"代办制"绿色通道服务，主动对接重点中试项目，围绕投融资、项目申报、企业认定、知识产权等事项开展"代办制"服务，实现中试产业项目"全部认领、专人对接、全程服务"。

第三，拓展推广应用场景。聚焦装备制造、新材料、新能源等领域，每年推出 100 个应用场景清单，重点打造示范作用强的标杆场景，以场景牵引科技成果转化落地应用。建立创新产品采购推广机制，编制创新产品应用示范推荐目录，推动首台套、首批次、首版次产品首购首用，加快推动重大科技创新产品推广应用。

青白江区自中欧班列开行以来，通过出口加工贸易，成功融入全球价值链，实现了经济的高速发展。然而，这种"低端嵌入"方式也存在隐患，使青白江区的制造业面临全球价值链低端封锁的威胁。为摆脱这一困境，青白江区抓住新的历史机遇，整合国内外市场，依托文澜智谷、欧洲产业城和 340 科创园三大中试示范基地，致力于打造面向"一带一路"的国际中试产业基地。目前，文澜智谷中试示范基地已完成城市更新改造，建成投运 1 万平方米中试空间和高分子材料中试验证装置，20余项科技成果在地开展试验验证，12 项科技成果进行中试产业化应用。而 340 科创园中试示范基地完成了高端钛材制备、中热处理等平台建设，获批专项资金用于基地建设。欧洲产业城中试示范基地建成了 4 个验证平台，正在对接中试项目。航天赛博产业技术研究院正在推动多个科技项目的加速孵化转化，包括油液智能在线监测净化等。

在实际生产中，生产制造和供应链的互动是密切的，特别是供应链管理，它可以优化产品生产制造的计划方案，协同推进资源的高效利用和生产的效率。青白江区也认识到供应链，特别是供应链服务对于生产制造的重要性，在发展中试产业的过程中，重点培育供应链服务企业。成立于 2013 年的积微物联，围绕数字经济和实体经济深度融合，已经成长为成都市大宗商品全产业链服务平台的链主企业，旗下的积微指数、积微化工、积微运网、积微海川钢铁、积微循环、积微供应链等已共同构成涵盖生产、物流、技术、金融为一体的供应链服务体系。

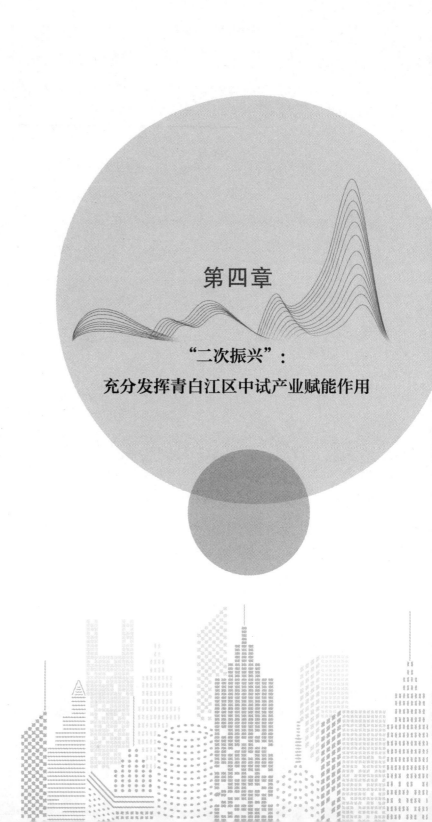

第四章

"二次振兴":

充分发挥青白江区中试产业赋能作用

　　在中国特色社会主义新时代的历史方位上，青白江区落实党对高质量发展的全面领导，切实贯彻"把高质量发展作为新时代的硬道理"的要求，在中试产业发展的现实需求把握中推动创新，全面落实创新驱动发展战略，坚定不移地把科技创新和科技成果转化作为发展"第一动力"，努力将先进科技成果转化为现实生产力，在旧局中开新局，在发展实践中把握工业化规律，把"立"与"破"有机统一起来，以"立"促"破"、以"立"化"破"，紧紧抓住工业化进程所需的关键要素，勇敢迈出了老工业基地"二次振兴"的关键一步，即以中试产业发展推动创新要素全新集聚，破除传统工业产业惯性发展和路径依赖，探索以创新发展为特征的新型工业化路子。本章深入阐述青白江区在推动产业升级、促进创新发展的征程中，通过主动对接国家战略、发挥政府桥梁作用、统筹创新资源主体、打造优良营商环境，从而创新产业联动合作"新模式"、促进形成支撑保障"新体系"、打造高端资源要素"引力场"、培育中试产业发展"新动能"，激发中试产业的赋能作用，为青白江区再度焕发勃勃生机描绘崭新的篇章。

| 第一节 |

主动对接国家战略，创新产业联动合作"新模式"

　　推动中试产业发展，关键在于加快创新驱动，推动产学研深度合作，强化重大科技创新平台建设，支持顶尖科学家领衔进行原创性、引领性科技攻关，努力突破关键核心技术难题，在重点领域、关键环节实现自主可控。加快创新驱动，需要加强区域协同联动。青白江区坚持以中试产业为支撑，强化与成都都市圈和四川市州、成渝地区双城经济圈和长江经济带、"一带一路"沿线国家和地区创新协同产业联动，主动链接周边区域企业、高校、科研院所等创新主体提供小试中试、孵化转化所需的硬件设备与服务，加快推进周边区域集聚人才、技术、资本以及科技服务等创新资源聚合，提升区域创新活力，促进地区间优势互补，激发"乘数效应"，推动产业快速发展。

1. 强化与成都都市圈各市的联动合作

青白江区与成都都市圈、省内市州的协同为中试产业发展提供了多方位的支持和赋能。从政策、产业、市场和自贸试验区四个方面进行深度对接，推动中试产业发展，提高技术供给能力。青白江区打通了国际市场通道，提供稳定的运力保障，共享门户枢纽的"红利"，还加强与四川自贸试验区协同改革先行区的合作，为中试产业拓展国际市场、提升竞争力、实现高质量发展提供了重要的战略支持，为四川"在建设现代化产业体系上精准发力""把发展特色优势产业和战略性新兴产业作为主攻方向，加快改造提升传统产业，前瞻部署未来产业"，提供了重要路径。

在政策协同方面，青白江区积极与成都都市圈的各市进行沟通，争取到一系列有力政策支持，涵盖财政补贴、税收优惠、用地政策等多方面的倾斜政策，为区域内企业提供了更为宽松的经营环境，促进了产业的蓬勃发展。同时，青白江区推动政策的协同，形成统一的产业政策体系，加强了整个成都都市圈的政策协同效应，使区域内企业能够更好地享受到一揽子的政策红利。2024 年 5 月 9 日，青白江区与德阳经开区召开协同发展工作座谈会，双方围绕推动成德同城化高质量发展进行深入交流。5 月 10 日，青白江区与广汉市举行区域合作协议签约仪式，就发挥成都国际铁路港推动同城化的辐射带动作用，持续深化两地产业互为配套协作，促进两地重点企业开展产能合作，推动共建成德临港经济产业带等方面作出具体的部署，共同打造成德临港经济产业带合作典范。政策协同不仅为青白江区中试产业提供了稳定的政策支持，而且为技术创新和研发提供了经济上的保障，推动了技术供给能力的提升。

在产业协同方面，青白江区与成都都市圈合作共建了多个创新平台，加强与国家级实验室、院士工作站等创新平台的合作。这不仅加速了科技成果的转移与转化，还为青白江区的企业提供了更多的技术支持。青白江区在产业布局上充分借力成都都市圈的新型材料产业园区，共同打造新材料产业孵化基地、研究院、实验室，推动了绿色低碳产业链的发展。通过与成都都市圈的产业合作，青白江区引进了一大批先进制造业企业，形成了产业集群，提高了整体的产业竞争力，也间接促进了技术供给水平的提高。

在市场协同方面，青白江区通过与成都都市圈各市的深度合作，打通了连接中欧市场的通道。区域内的企业得以借助成熟的物流体系，更加便捷地拓展市场。尤其是在国际班列方面，青白江区与成都都市圈的各市紧密协作，组织协同班列开行，构建起通往欧洲的畅通物流通道，为四川地区的优质产品和技术拓展欧洲市场提供了有力支持，推动了中试产业的国际化发展。同时，青白江区还在国际合作的基础上建立了东盟班列经成都到内江、宜宾的加挂运输，通过项目合作模式，为中试产业发展提供了更多的国际市场选择。市场协同为青白江区技术成果的输出提供了更加广阔的空间，推动了技术的国际交流与合作。

此外，青白江区在自贸试验区协同方面进一步强化了与成都都市圈的协同。通过与双流区块签署自贸战略合作协议，加强在制度创新、平台建设和人才交流等领域合作，并推动建立常态化沟通交流机制。本着优势互补、互利共赢等合作原则，围绕自贸试验区、协同改革先行区建设各项重点任务，从协同实施改革创新、共享经贸交流平台、深化国际班列合作等方面着手，与资阳协同改革先行区签订战略合作协议，进一步加强与周边城市的友好往来和改革协作，推动制度创新成果在先行区率先复制推广，加强集成创新、产业协作、平台共建，引领带动自贸改革红利进一步释放。这些举措也为青白江区中试产业发展提供了政策性、资源性和平台性的全方位支持，为技术创新提供了更加宽广的发展平台，推动了技术供给能力的进一步提升。

总体来看，青白江区通过强化与成都都市圈的各市协同合作，成功构建起了涵盖开放平台共享、规划衔接融合、配套设施建设、产业联动发展、文体旅游发展、生态环境治理、公服配套共享、社会治理协作、人才交流合作等各方面的多层次全方位的互利互惠合作机制。这一系列努力不仅促进了中试产业的健康发展，也为整个成都都市圈的经济腾飞奠定了坚实的基础。未来随着更多的政策和产业的深度协同，青白江区有望在成都都市圈中发挥更为重要的作用，为整个地区的可持续发展贡献更多力量。

2. 强化与成渝地区双城经济圈的协同联动合作

习近平总书记提出要坚持"川渝一盘棋"，加强成渝区域协同发展，构筑向西开放战略高地和参与国际竞争新基地。青白江区作为成渝地区双城经济圈的一部分，主动融入国际技术转移中心建设，依托成渝地区双城经济圈干线物流，通过深化与重庆市的全方位合作，积极融入和服务国家战略，在扩大产业聚集能力市场化空间上展现出了协同合作的战略价值，为推动中试产业发展做出了重要的努力。

一是在成渝地区双城经济圈建设上，进一步深化川渝全方位合作、促进区域协同发展，强化经济承载和辐射带动功能、创新资源集聚和转化功能、改革集成和开放门户功能、人口吸纳和综合服务功能。2021 年 1 月，成渝两地共同打造国内首个由两个城市共同运营的中欧班列品牌——中欧班列（成渝）。2022 年 6 月，中欧班列（成渝）开行突破 20000 列。区域协同发展的模式为青白江区的中试产业提供了更广阔的市场，促使产业链更好地形成和发展。紧抓成渝地区双城经济圈建设战略机遇，青白江区充分融入整个经济体系，实现产业的互补和联动，从而提高整个区域的经济效益。

图 4 - 1　2022 年 6 月，中欧班列（成渝）开行突破 20000 列

二是作为内陆开放的前沿阵地，积极融入和服务国家战略，在国际陆海通道和铁海联运通道建设上与重庆市在区级层面上开展全方位合作。为中试产业的发展提供了便利的国际贸易通道和物流网络，有助于企业更加灵活地进行进出口贸易以及技术和产品的国际合作。通过这一合作，青白江区有效扩大了中试产业的市场化空间，使其更好地融入全球化竞争中。

在班列运营合作层面，成都国际铁路港与重庆合作深化打造中欧班列（成渝）品牌，稳定运行与重庆团结村站、江津小南垭站的货运班列，深化与果园港、万州港的水铁联运，已实现"枢纽与枢纽"之间的高效联通。在两地政府和港区管委会合作基础上，成都国际铁路港投资发展有限公司与渝新欧（重庆）物流有限公司推动班列开行提质降本增效，成功举办首届中欧班列（成渝）全球合作伙伴大会。2023 年，中欧班列（成渝）开行规模位居全国第一。为青白江区的中试产业提供了更加便捷的班列运输服务，同时也为成渝地区双城经济圈内各地的产业联动提供了基础支持。这样的全方位合作机制有助于提高产业链的整体运作效率，推动了成渝地区双城经济圈产业的协同发展。

三是青白江区与重庆市在开展营商环境建设领域合作交流方面取得了积极进展。2020年，青白江区积极推动与重庆市江北区在社保医保、市场准入、户籍车管等高频事项通办，青白江区行政审批和营商环境建设局与重庆市江北区政务服务管理办公室签订政务服务跨省通办合作协议，实现80个事项两地通办。2021年，青白江区市场监管局与重庆沙坪坝区市场监管局签订深化信用监管合作协议，双方不定期开展线上信用监管工作业务探讨，分享交流部门联合"双随机"抽查、市场主体全生命周期信用监管等经验做法。2022年，《建立川渝"123"项目管家，加速推进重点项目》获评"川渝通办优秀案例"。2023年，青白江区工商联与重庆市沙坪坝区、大足区工商联签订友好合作协议，就产业发展、项目招引、信息共享等广泛开展合作。这些举措也为企业提供了更加透明和稳定的经营环境，有助于吸引更多企业在该区域投资兴业，提升了产业聚集的市场吸引力，有助于为青白江区中试产业的发展提供更便利、高效的行政服务和支持。

四是积极开展司法领域合作交流方面，共同为成渝地区双城经济圈建设提供司法服务和保障，为青白江区中试产业的合法权益提供司法保障和支持。2020年，青白江区人民法院与重庆市沙坪坝区人民法院签署司法协作框架协议，从服务法治化营商环境建设、加强跨区域重大案件协作、建立司法协作保障机制等方面提出16条合作交流的具体举措，共同为成渝地区双城经济圈建设提供司法服务和保障。此外，青白江区检察院与重庆市沙坪坝区检察院签订检察合作协议，双方建立检察合作工作领导小组，搭建资源共享平台，建立健全工作机制，全面加强协作配合，为两地推动成渝地区双城经济圈建设提供检察服务。

五是加强与重庆在教育和人文等领域的合作交流，为中试产业培养更多的技术人才和管理人才。2020年，青白江区教育局与重庆市万盛经开区教育局签订区域教育合作框架协议，成立区域教育合作领导小组，建立结对共建、信息交流、评价激励制度，举办双城校长论坛、重庆＆四川助学项目沟通交流会等活动。2023年，青白江区委党校与重庆市沙坪坝区委党校共同创新教学形式，高质量举办了为期两周的"共建内陆开放新高地　助推成渝地区双城经济圈高质量发展"专题培训班。两地各选派20名经济战线的干部参训，对应部门精准选调，混编成组通力合作，在互学互鉴中拓视野、受启发，进一步补短板、锻长板；在对照学习中打开思路、领悟方法，激发比学赶超的紧迫感、使命感，深刻领悟成渝地区双城经济圈的含义机理、现实基础、鲜明特色和前景方向，并结合两地实际找准工作着力点、结合点和突破口，努力为服务发展大局贡献力量。另外，两地党校深化战略合作，通过开展培训项目共创、优势师资共享、教学资源共建、科研资政共商的合作模式，推进党校事业高质量发展，助力成渝地区双城经济圈建设成势见效。通过区域教育合作，开展双城校长论坛等活动，青白江区与重庆市共同助力中试产业人才的培养和交流。这有助于形成更为完善的产业人才生态系统，提升了中试产业的创新力和竞争力。

综上所述，强化与成渝地区双城经济圈协同联动合作，不仅在经济上推动了产业的发展，而且在多个领域的合作中为中试产业提供了全方位的支持。这种协同合作扩大了产业聚集能力市场化空间，为中试产业在青白江区的健康发展创造了良好的环境。

3. 强化与 "一带一路" 沿线国家和地区的联动合作

青白江区通过发挥开放优势，依托自贸试验区、综合保税区、国家级经济开发区等战略机遇，主动参与"一带一路"科技创新行动计划。促进一批前沿科技成果"引进来"。发挥陆港主枢纽辐射带动作用以及西部陆海新通道的枢纽作用，积极利用RCEP（《区域全面经济伙伴关系协定》简称），对接东盟国家，推动国际前沿成果在地规模化应用和产业化发展，实现贸易带产业、科技成果双向互动，不仅是实现科技创新和产业升级的战略举措，更是提高市场开拓能力的有效途径。

一是建设面向"一带一路"沿线国家和地区的国际中试产业基地。通过搭建与世界各国科学技术共享的交流平台，充分瞄准"一带一路"沿线国家和地区的创新型前沿技术，通过深入了解这些国家的需求和发展方向，精准策划"引进来"重点项目，吸引更多国际性的企业和科研机构入驻，吸引国际先进技术和产品在区内进行中试和研发，促进技术创新和科技成果的转化。同时，通过建设适应国际标准的中试产业基地，提供充足的研发资源和政策支持，吸引国际企业在青白江区进行中试产业的推进，并推动这些成果在本地实现规模化应用和产业化发展。这有助于提高青白江区的市场开拓能力，为"一带一路"沿线国家和地区提供更多具有国际竞争力的产品和服务。

二是对接"一带一路"沿线国家和地区需求。青白江区积极调研"一带一路"沿线国家和地区的市场需求，发布企业创新需求清单，了解并适应不同国家和地区的产业结构和需求特点。通过对接这些需求，青白江区企业能够更有针对性地进行产品开发和市场推广，提高了市场开拓的精准度。充分发挥新材料、装备制造、智能家电等适铁适欧出口型产业的优势。通过这些产业的输出，实现技术和产品的"走出去"，推动区内具有竞争力的技术和产品在"一带一路"沿线国家和地区实现产业转化。如四川米高依托中欧班列从俄罗斯、白俄罗斯采购氯化钾等原材料，并通过中试熟化验证项目的实施，实现技术工艺和装备的整体输出。这种双向的产业对接有助于促进国际科技合作，推动中试产业在全球范围内的发展。

三是开展技术交流与转化。青白江区与"一带一路"沿线国家和地区开展技术交流与转化，促进了科技成果的国际传播和转移。通过技术的跨国交流与合作，青白江区产业体系可以更好地适应不同市场的需求，提高了产品的适应性和国际竞争力。

四是加强与国际平台合作。青白江区通过积极加强同"一带一路"联合实验室、国际科技园区等创新平台的对接合作，为本区企业提供更广泛的国际资源，加强与"一带一路"沿线国家和地区企业的合作，提高市场拓展的力度。

五是参与国际合作项目。青白江区积极参与"一带一路"倡议中的国际合作项目，与国际先进的科技研究机构和园区建立合作关系，通过共同投资、合作研发等方式，提高对外合作的深度和广度。这有助于扩大青白江区的国际影响力，同时也为本地企业提供更多的国际化机会。

通过以上举措，青白江区在开放优势的基础上，紧密结合"一带一路"倡议，积极发挥自身产业和科技优势，打造了一个有机融合、双向互动的中试产业基地，为区域经济的全球化发展提供了有力支撑。

| 第二节 |

发挥政府桥梁作用，促进形成支撑保障 "新体系"

青白江区从中试产业的发展全局出发，谋划具有较强针对性的一整套支持政策和服务平台，形成"1+3+N"中试产业推进体系，形成支撑中试产业的保障体系，为中试项目转化全流程提供精准服务。"1"指1个总体方案，即《关于建设面向"一带一路"的中试产业基地实施意见》；"3"指3个政策文件，即《青白江区中试平台认定办法（试行）》《青白江区中试项目管理办法（试行）》《成都市青白江区关于建设面向"一带一路"中试产业基地的若干政策措施（试行）》；"N"指N项保障措施，概念验证中心、中试产业投资公司、中试产业发展基金、科技成果转化投资管理办法、环评安评流程等措施。

"1+3+N"中试产业推进体系不仅是政府支持中试产业的重要保障，更是在概念验证、资金投入、科技成果转化等多方面形成的全过程支持网络。地方政府通过总体方案明确了中试产业的发展方向，同时，借助三个政策文件，制定了具体而有力的政策支持，为中试项目转化提供了清晰的制度保障。N项保障措施则是在理念和政策的基础上，通过概念验证中心、中试产业投资公司等多元化手段，全面提升了中试产业的发展实力。

体系的形成，既有序推动了中试项目的实施，也为中试产业的良性发展搭建了坚实桥梁。发挥政府桥梁作用，促进形成支撑保障"新体系"已然成为推动中试产业蓬勃发展的关键一环。全方位、全过程的支持和保障体系，助力科技成果更快速、更有效地转化为现实生产力，推动中试产业步入健康快速发展的新阶段。

1. 以总体方案牵引中试产业发展

随着共建"一带一路"倡议的深入推进，青白江区委积极响应新时代的调整，2022 年 7 月制定出台《关于建设面向"一带一路"的国际中试产业基地实施意见》（以下简称《意见》），旨在以 1 个总体方案为青白江区中试产业提供明确的发展路径和战略定位。

《意见》从指导思想、工作原则、工作目标、重点工作、保障措施五个方面提出建设面向"一带一路"的中试产业基地的实施意见。立足发展大局，抢抓发展机遇，明确围绕新材料、新能源、装备制造三大领域，强化高校及科研院所科技创新、企业应用技术创新、军民科技协同创新成果源头供给，以提供市场化、专业化中试服务为路径，探索构建"科技创新、人才培养、小试中试、产业孵化、生产制造"全链条中试产业生态体系，统筹推动产业建圈强链、四大结构优化调整，加快建设科技创新策源高地，助推成都建设具有全国影响力的科技创新中心。

为引导中试产业更好地融入全球中试产业链，提供可行性路径，《意见》着力发挥政府引导作用和市场主导发展的双重机制，强调建立校院企地协同、多元参与、共建共享的中试产业发展体系，围绕创新策源转化、国际门户枢纽、新兴产业集聚等核心功能，促进各类创新链的融合发展。此外，要求强化理论创新和实践创新，积极探索"一带一路"科技成果转化机制，形成可复制可推广的制度成果。另一方面，强调与成都都市圈、成渝地区双城经济圈，以及"一带一路"沿线国家和地区的创新主体合作，提升协同创新能力，共同建设高质量创新共同体，同时以实现"双碳"目标为引领，推动绿色低碳领域科技成果中试熟化，构建绿色低碳产业结构和生产方式。

《意见》明确，到2025年全链条中试产业生态体系基本形成，以高校和科研院所科技创新、企业应用技术创新、军民科技协同创新为主体的科技成果转化体系更加高效，以概念验证、中试熟化为核心的中试产业集群初步构建，成为成都都市圈重要的科技创新策源地。成都市级及以上研发平台达100个以上，其中省级及以上研发平台不少于50个；加快培育市级以上科技企业孵化器和众创空间，新增科技成果孵化转化项目100个以上；企业研究与试验发展经费投入强度达到全市先进行列；国家高新技术企业和科技型中小企业总数实现翻番；带动新材料、新能源、装备制造产业占规模以上工业产值比重达80%以上。展望到2030年，全链条中试产业生态体系更加完善，链接全国科技创新资源的功能显著增强，各类创新主体科技成果转移转化能力明显提高，中试服务水平位居中西部前列，成为成渝地区双城经济圈重要的科技创新策源地。展望到2035年，全链条中试产业生态体系成型成势，与"一带一路"沿线国家和地区创新主体建立常态化合作机制，中试服务能力处于全国一流水平，成为"一带一路"沿线国家和地区重要的科技创新策源地。

此外，《意见》还提出了12项重点工作，包括成立中试产业研究院、推进科技转化、支持企业创新、推进军民科技协同创新、引进领军人才、培育专业技能人才、汇聚科技服务人才、打造示范基地、共建中试服务平台、提升孵化服务水平、建设中试生产制造基地、推动区域产业协同等，为实现中试产业生态体系的战略目标提供了具体路径和方法。

《意见》从强化组织领导、强化政策支持、强化宣传推广、强化绩效评价等方面提出保障措施。发挥"一带一路"中试产业基地领导小组作用，加强产业研究、政策法规、项目招引、规划建设、投资运营等重点工作，及时解决中试产业基地建设及运营中出现的问题，高效推进中试产业基地建设。学习借鉴先进经验，积极争取上级试点，围绕企业、产业、平台、载体、人才、科技、金融等，研究出台中试产业扶持政策、中试平台认定管理办法、中试项目管理办法等全要素政策体系。实行严格的知识产权保护制度，构建有利于激发市场活力和社会创造力的营商环境。立足陆港主枢纽、自贸试验区、综合保税区、国家经济开发区平台优势，大力宣传中试产业基地建设的重大成果、产业进展和科创精神，持续扩大中试产业基地的影响力，营造有利于中试产业基地发展的良好社会氛围。建立中试产业发展绩效评价机制，对"技术合同成交额、中试项目成功率、产业孵化率、发展贡献率"等指标进行动态监测、定期评估，及时发现解决问题，全面反映中试产业基地建设成效。

2. 以精准政策扶持中试企业建设

出台《青白江区中试平台认定办法（试行）》《青白江区中试项目管理办法（试行）》《成都市青白江区关于建设面向"一带一路"中试产业基地的若干政策措施（试行）》3个政策文件，明确扶持对象和扶持门槛，确保中试平台和中试项目的质量，同时在政务服务、平台建设、项目孵化、金融服务、人才培养、要素保障等各方面制定可落地的支持政策，为中试相关企业提供全方位的精准扶持。

《青白江区中试平台认定办法（试行）》旨在引导和规范青白江区中试平台的建设，加强资源集成利用和开放共享，推动科技成果向实际生产力的转化，打造"以青白江区为依托、服务成都、辐射成渝、服务'一带一路'沿线国家和地区"的中试产业基地。该办法根据《省政府关于进一步支持科技创新的若干政策》和《成都市关于全面加强科技创新能力建设的若干政策措施》的精神，结合青白江区实际情况制定而成。

《青白江区中试平台认定办法（试行）》明确定义中试为科研开发实体以行业优势创新资源、企业研发平台、高校院所中试研发机构为依托，为科技成果进行概念验证、二次开发实验和企业规模生产提供成熟、适用、成套技术的中间试验。中试平台的主要任务包括中试服务、产业孵化、引育人才，即向社会提供开放服务，接受企事业单位委托的中试研究、设计、试验和技术咨询服务。该办法强调中试平台将针对关键、综合、共性的工程技术和具有重大应用前景的科研成果进行概念验证和中试熟化，为企业规模化生产提供成熟、配套的生产工艺、技术装备，推动科技进步，促进新兴产业培育与发展。此外，该办法还鼓励整合资源，加强产学研合作，引进产业领军人才，培育专业技术和工程管理人才，构建多元人才支撑体系。对于高等院校、科研院所、新型研发机构、行业龙头企业建立中试平台的支持也得到了明确，同时规定了认定条件和程序，并强调了相关部门的管理监督。

《青白江区中试项目管理办法（试行）》是为规范中试项目建设管理，促进科技创新成果高效转化，推进面向"一带一路"的国际中试产业基地加快建设，根据《中华人民共和国科学技术进步法》《中华人民共和国环境影响评价法》《中华人民共和国安全生产法》等有关法律法规和规定，结合青白江区实际制定而成。该办法提出，中试项目是指科技成果、创新成果产业化前进行的较小规模工艺流程试验、验证项目，以获得实现大规模产业化所必要的生产工艺技术参数，项目内容包括必要的构筑物、设备等。该办法明确中试项目实行准入管理，相关部门对中试项目实施管理，组建中试项目评审专家库，对中试项目安全环保、工艺技术等方面提供专业服务指导。同时经信局、科技局、生态环境局、应急局、园区管委会等部门确定专人、组建专班，负责中试项目的监督管理和服务保障。中试平台运营单位和项目单位落实安全生产、生态环境保护主体责任。

为贯彻四川省政府《关于进一步支持科技创新若干政策》和成都市委办公厅、市政府办公厅《全面加强科技创新能力建设的若干政策措施》等文件精神，青白江区制定了《关于建设面向"一带一路"的中试产业基地若干政策措施》，明确扶持对象为通过区级行政主管部门认定的中试平台和中试项目，在以下11个方面给予政策支持。

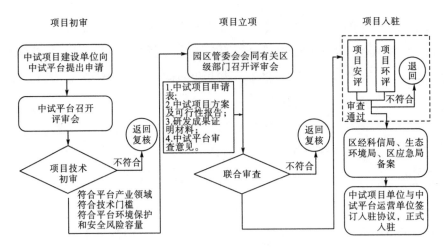

图 4-2　中试项目准入流程图

优化政务服务方面，主要着力于成立服务专班、组建专家智库，提供高效的市政公用报装服务等。

中试平台建设方面，着重在新建或改扩建厂房、购置关键仪器设备、中试平台提档升级等方面提供一定比例奖补。

中试项目孵化方面，主要围绕信息对接渠道、项目转化及注册、引导社会资本投资等方面给予相应支持。

金融支持方面，强调成立中试产业投资有限公司和产业发展基金、设立贷款专项风险补偿资金池、促进金融机构提供融资服务、实施知识产权质押融资等。

建设高水平人才队伍方面，注重引进产业领军人才、培育专业技能人才、引入高校毕业生等，提供一定的奖补支持。

知识产权运用和转化方面，强调中试平台引进区外有效发明专利、项目实施专利转化、发明专利价值初步评估等给予一定奖补支持。

中试相关配套服务供给方面，着眼于为入驻国有公司载体空间、企业投资建设载体空间、中试配套服务机构提供相关服务、企业购买中试服务等提供一定奖补支持。

保障用地需求方面，以中试平台和项目为重点，倾斜多元化的土地指标、供应方式、权属获得等方面的保障。

科技成果价值评估和中试利益分配机制方面，提倡市场化，按中试合同约定分配中试成果产权和利益，推动中试合作有序进行。

建立项目全生命周期管理机制方面，完善科技成果项目"甄选、孵化、退出"运营机制，以提高科技成果转化成功率。

宣传方面，加大宣传报道力度，持续宣传中试产业基地建设的重大成果、产业进展和科创精神，拓展中试产业基地的影响力，营造有利于中试产业基地发展的良好社会氛围。

3. 以多项措施保障中试项目质量

为更好推动中试项目、中试企业在青白江区落地，服务保障企业科技创新，青白江区成立中试产业投资公司、中试产业发展基金、概念验证中心，出台科技成果转化投资管理办法、环评安评流程，共同构成了中试产业的全链条服务和保障机制。这些措施的整合形成了一个全面的保障体系，确保项目的可行性、可持续性和高效性，推动了中试项目的顺利实施。

为更好支持中试项目的实施，成立中试产业投资公司，为中试企业提供资金、技术和管理等多方面支持；通过引入专业投资管理团队，规范投资流程，降低中试项目的融资成本，提高项目的可持续性。中试产业投资公司的设立为中试项目提供了更加灵活和专业的资金支持，为项目的长期发展奠定了基础。

资金是中试项目成功落地的关键因素之一。为了解决中试项目在初期资金不足的难题，青白江区设立中试产业发展基金。该基金旨在为中试项目提供启动资金、研发经费、市场推广支持等多方位的资金保障。通过建立这一基金，可以更好地激发中试项目的创新活力，推动科技成果的转化应用，确保项目取得实质性的成果。

在中试项目的初期阶段，概念验证是至关重要的环节。为此，青白江区成立了概念验证中心，旨在通过对项目的前期验证，评估项目的可行性和市场潜力，降低项目实施过程中的风险。概念验证中心不仅提供了技术和市场的双重验证机制，还为项目提供了专业的指导和支持，确保项目能够在验证阶段取得令人满意的结果。

为了更好地推动科技成果向现实生产力的转化，青白江区制定并实施了科技成果转化投资管理办法。该办法明确了科技成果转化的政策支持、资金投入、项目评估等方面的管理细则，为中试项目提供了更为有力的政策支持。这一办法的实施有助于激发科研人员的创新热情，加速科技成果的产业化进程。

为了确保中试项目在实施过程中符合环境和安全标准，青白江区建立了完善的环评安评流程。通过对项目的环境和安全风险进行评估，及时制定有效的环保和安全措施，确保项目在保障环境安全的前提下顺利进行。这一流程的建立为中试项目提供了可靠的环保和安全保障，提高了项目的可持续性和社会责任感。

多项保障措施共同构建了一个全面的中试项目保障体系。通过这一体系的运作，青白江区为中试项目的科技创新、资金支持、市场验证、环保安全等方面提供了全方位的支持，为项目的成功落地奠定了坚实的基础。这一综合性的保障体系不仅有助于推动当前中试项目的实施，更有利于激发更多创新项目的涌现，为整个区域的中试产业发展注入强劲动力。

| 第三节 |

统筹创新资源主体，打造高端资源要素 "引力场"

统筹创新资源主体，打造高端资源要素的"引力场"，是实现技术创新和科技成果转化的必由之路。在中试产业发展的道路上，保障各种关键要素至关重要，涵盖了场地和设备、技术与创新、成果和人才、金融和市场，以及安全环保政策与项目审批等多个方面。这些核心要素不仅是中试产业发展的基本条件，更是推动创新与发展的引擎。青白江区紧紧围绕"三个来源"，通过高校和科研院所科技转化、企业应用技术创新、军民科技协同创新，着力为中试产业提供全方位的支持和保障。截至 2023 年 8 月，初步建立起政府、高校和科研院所、龙头企业协同创新的中试产业发展格局，落地 9 个新型研发机构和创新联盟，20 余项科技成果产业化应用，孵化 6 家科技型企业，带动技术合同成交额、企业有效发明专利年均增长 36.5%、15%。

1. 吸引高校和科研院所科技转化

科技创新是推动产业升级和经济发展的关键引擎，强化与高校和科研院所的科技转化是实现这一目标的关键策略之一。通过建立紧密的产学研合作机制，打通科研成果转化的通道，青白江区努力实现科技成果从实验室走向市场的快速迭代，为中试产业的繁荣发展提供了有力支持。

高校和科研院所是我国科技发展的主要基础所在，也是科技创新人才的摇篮。青白江区大力支持成都先进金属材料产业技术研究院等本地科研机构，联合高校院所建设新型研发机构，加强同"一带一路"科研院所和创新联盟的合作，紧跟石碧、王琪等院士及科学家团队的最新科技成果，推进生物质纤维材料降解利用技术、新能源锂电池负极材料等国际前沿成果在青白江区就地转化。鼓励本地企业与成渝等高校深化产学研合作，支持建立校企合作重大项目绿色通道、院校企业科技成果交流平台。目前，青白江区中试产业基地先后与四川大学、西南交通大学、中国工程物理研究院材料研究所等 50 多家高校、科研院所等创新主体开展合作，累计实现硅基热塑性弹性体制备及性能研究等校企合作项目 90 余项。成立以 8 所高校材料学院为主体的新材料学会，建立了"科创中国·先进材料会地联合创新中心"，促成思立可与山东大学等形成"企业需求—高校成果"精准匹配 150 项。高校不再是孤立的科研单位，而是产业升级的重要参与者。

强化技术创新源头建设，要以创新供给和需求有效对接为导向，支持国内外一流高校、知名科研院所到青白江区设立分支机构，建立新型研发机构和创新联盟，持续推进先进金属材料研究院、航天天马研究院科研成果就地转化。青白江区国有企业全资公司成都中试产业投资有限公司（以下简称"中试产投"）通过支持中试成果就地孵化、共同组建合资公司等方式，形成校院地企协同创新、共享成果利益、共同发展机制，带动区域科技型中小企业发展壮大，已与航天科工 304 所、文澜智谷、成都先进金属材料研究院等进行密切合作。

表4-1　新型研发机构和创新联盟

新型研发机构和创新联盟名称	建设主体
碳中和中试产业基地	石碧院士团队
	四川省碳中和技术创新中心
	成都文澜智谷科技集团
高性能高分子研究中心	王琪院士团队
	成都文澜智谷科技集团
	成都市青白江区人民政府
航天赛博产业技术研究院	航天科工 304 所
	成都市青白江区人民政府
国际多式联运会地联合创新中心	成都市青白江区人民政府
	成都市科学技术协会
	中国公路学会
高能碳纤维研究院	山东省碳纤维工程技术研究中心
	尚亿益（成都）科技集团
成都新材料学会	在川 8 所高校材料学院
科创中国·先进材料会地联合创新中心	中国科学技术协会
	成都市青白江区人民政府

续表

新型研发机构和创新联盟名称	建设主体
科创中国·先进材料中试产业城	中国科学技术协会
	成都市青白江区人民政府
绿色建材产业研究院	西南科技大学
	华邦保和

强化校院企协同创新，注重整合创新资源，强化资源共享，放大中试产业优势，鼓励行业龙头企业围绕产业前沿和新兴领域，联合高校院所共建工程技术中心、企业技术中心、实验室等科研平台，对高水平省级科研平台进行重点支持，推动打造国家级科技创新平台。在鼓励新型研发机构、高校、科研院所和企业独立或者联合建设中试平台方面，针对新建项目、改扩建项目按投资额（不含土地）给予一定补贴，支持经认定的中试平台购置关键仪器设备，给予一定补贴。支持中试平台提档升级，给予省级认定和市级认定的中试平台一定资金奖励。在资源共享方面，青白江区具备良好的中试基础条件，拥有丰富的工程师和工匠人才储备，充分享有四川省内 57 所本科高校的科技创新平台资源，其中包括 27 所位于成都的高校和 8 所"双一流"高校，为中试产业提供丰富的创新要素。通过"成都科技创新云平台"——科创通，青白江区打通信息壁垒，搭建科技成果向产业端转化的平台，实现资源整合和信息共享，加强与德阳、眉山、资阳等科创通平台的链接，以数据平台强化成德眉资协同发展，最终充分实现中试产业的资源合作与共享。

为了补位市场化投资机构盲区，加强对企业家研发投入容错机制保障，激发企业家创新活力，降低企业家产品创新活动风险。青白江区政府对中试产投充分授权，通过创新投资机制、简化流程、容错纠错备案等方式，邀请概念验证专家、行业技术专家（工程师）、市场运营专家、投资专家等组成评审团，由中试产投通过组织路演并结合孵化转化、人才导入、产业带动等区域发展综合因素，牵头制定跨学科多维度评分标准，综合评分确定投资对象及投资额度，并综合评价初创型风险投资项目投资效果，不以单一项目为评价考核对象。

2. 支持企业应用技术创新

青白江区在支持企业应用技术创新、推动中试产业发展方面展现了强烈的决心和务实的行动。通过支持建设各类创新载体、组建行业创新联盟、开展中试熟化研究、推动企业技术更新和产品迭代等一系列有力措施，充分发挥企业主体作用，不断增强企业的创新动力、创新活力和创新实力。

通过支持建设重点（工程）实验室、企业技术中心、工程（技术）研究中心等创新载体，为企业提供强有力的平台，推动企业应用技术更新和产品迭代。这不仅为企业提供了先进的实验设施和技术支持，还为技术创新提供了更为便捷和有效的渠道。在这一背景下，企业得以深入开展技术研究和试验，推动了创新成果的形成和应用。联合航天科工304所设立航天赛博产业技术研究院，引入特种无人机研发制造等待转化科创项目7个，推动军民科技成果中试熟化、双向转化应用。

支持组建行业领军企业创新联合体，促使企业在特定领域形成合作网络。这种联盟机制有助于资源共享、信息流通和共同攻关。企业联合起来可以更好地应对行业挑战，实现技术的互补与整合，推动整个产业链的创新和升级。青白江区政府联合航天科工304所设立了航天赛博产业技术研究院，已与清华大学高速激光成像研究所、国机重工集团等共建专项实验室，导入特种无人机、特种电源等8个研发和中试项目，采用灵活引才模式引进高工级以上人才20余名，并与白俄罗斯国家科学院、上海交通大学四川研究院等国内外科研院所达成合作意向。

中试研究是从实验室研究走向实际生产的关键一步，通过在实际生产环境中进行中试，企业可以更好地了解和解决技术上的问题，提高产品的成熟度，为产品的大规模生产奠定基础。青白江区支持开展中试熟化研究，三大中试产业示范基地之一的文澜智谷中试产业示范基地正在推动"合成氨放空尾气制氢""低温高效新型分离技术暨含油污泥处理"等 10 余项科技成果中试熟化。

支持推动企业应用技术更新和产品迭代。青白江区政府通过明确创新需求清单制定机制，推动维珍高新、瑞奇智造、蜀虹装备等重点企业与各类创新主体深化合作，提高科研成果的转化效率。青白江区政府积极推动重点企业与各类创新主体深化合作，共同开展科技重大专项联合攻关，形成"揭榜挂帅"的合作机制，使科技创新更有针对性、高效性，有力推动了相关产业的技术进步。

强化用地、金融、人才等要素保障，深化税务改革，切实解决企业生产经营难题，降低企业经营成本，助推企业技术创新。用地上，通过深化区域综合评估，推行社会投资项目"用地清单制"改革，积极转变政府职能，将"企业跑"转变为"政府干"。根据项目报建需求，将各项评估事项和建设条件形成用地清单，在土地供应时一并交付用地单位，提升评估的科学性和精准性，提高社会投资项目建设便利度。强化要素资源投入保障，深入开展混合用地改革试点，增加混合用地供应。金融上，提升信贷便利，通过建成"一带一路"金融会客厅，整合金融要素，提升区域金融服务能力，助力企业跨境信用，深化跨境人民币结算试点，争取本外币合一银行结算账户体系试点落地，降低企业开户及管理账户的时间和成本。人才上，坚实人才保障，贯彻"蓉漂计划"和"蓉城英才计划"，实施"智汇陆港"行动计划，通过整合人才、培训、就业、劳动关系等职能，为企业提供专属解决方案，满足全生命周期人才需求。青白江区还通过深化"AI＋纳税"改革，构建"智能应答＋全程互动＋问办查评一体化"的纳税互动服务模式，降低纳税人领票成本，减少开票环节，降低开票门槛，推动企业纳税环节更为智能、便捷，有效降低了企业的经营成本，推动技术创新。

这种以企业为主体的创新模式，有力地推动了科技创新和产业发展。青白江区紧抓新一轮世界科技革命带来的战略机遇，发挥企业主体作用，支持和引导创新要素向企业集聚，不断增强企业创新动力、创新活力、创新实力。

③ 推动军民科技协同创新

随着国家科技创新战略的深入推进，军民科技协同创新成为推动军事技术和民用科技融合发展的迫切需求。青白江区主动服务国防建设和经济社会发展，着眼于军民科技协同创新，致力于推动中试产业发展。聚焦军民融合创新，强调加强军民需求信息对接和资源共享，同时加快国防科技创新，构建军民融合创新体系，提升国防科技自主创新能力。在这一背景下，通过以下五个方面的努力，青白江区成功推动了军民科技协同创新和中试产业的发展。

第一，强化国防科技创新和建设军民融合创新体系。青白江区重视国防科技创新，努力加强军民融合创新体系的建设。通过加大对军工企业的支持，推动相关重大科技项目的论证和实施，为青白江区在科技创新战略中占据制高点奠定基础。特别是在重点领域，如在军民科技协同创新领域，青白江区通过推动一体化的论证和实施，努力实现科技创新的全面提升。

第二，强调军民需求信息对接和资源共享。为促进军民科技协同创新，青白江区注重加强军民需求信息的对接和资源的共享。支持重点企业承接军民科技项目工程化研究和产业化应用，鼓励这些企业参与军民科技成果的中试熟化、双向转化应用和重点产业的发展。通过这种方式，有效整合各方面的资源，更加有力地推动军民科技协同创新。以四川三洲特种钢管有限公司为例，青白江区鼓励其与中国核动力院、钢铁研究总院、西安热工院等保持密切的协作关系，对产品不断升级迭代。目前，该公司取得了"成都市军民融合企业（单位）认定证书"，通过了ISO9001质量体系认证、GJB9001C质量体系认证及GB/T45001职业健康安全管理体系认证、ISO14001环境管理体系认证，通过了API、CPR、

CE/PED、DNV、CCS 等产品认证或工厂认证，取得了 A1 级和 B（2）级国家特种设备制造（压力管道元件）许可证书。同时，该公司作为成都市重点骨干培养企业，已被四川省发展改革委、四川省科技厅列入四川省军民融合重点企业上报国家发展改革委。

第三，鼓励社会资本参与国防科技工业改革和投资建设。青白江区积极引导社会资本参与国防科技工业改革和项目建设。通过推动混合所有制经济的发展，鼓励军工单位采取多种合作方式参与省内重大项目建设，实现了社会资本有机融入军工领域。这一举措不仅为军工领域注入了新的活力，也为青白江区推动军民科技协同创新提供了更加多元的支持。

第四，创新推动军民融合发展的投融资机制和商业模式。在军民融合产业项目建设中，青白江区通过创新投融资机制和商业模式，采取多种形式吸引社会资本参与相关的军民融合产业项目建设。这种灵活而创新的方式，为项目的顺利进行提供了有力的资金支持，推动了军民融合产业的健康发展。

第五，聚焦科技创新和科技成果转化。青白江区注重推动科技成果在军工领域的转化。通过制定相关政策，确保科技成果在军工领域得到实质性的应用。此外，为加强军民融合创新，青白江区还研究构建了以中试产业基地为依托的军民两用科技成果转化、知识产权交易等科技协同创新平台。这一平台的建设为不同领域的科技创新提供了更加便捷的交流和合作机会，推动了军民融合创新的广泛开展。

总的来说，青白江区在推动军民科技协同创新和中试产业发展方面，通过聚焦创新、强化信息对接和资源共享、引导社会资本参与、创新投融资机制和商业模式，以及推动科技成果转化，取得了显著的成绩。这为青白江区的军民融合产业发展提供了坚实的基础，为未来的科技创新和产业升级奠定了良好的发展基础。

专栏 4 - 1　航天赛博产业技术研究院在军民科技融合方面的探索与实践

　　航天赛博产业技术研究院（后简称"产研院"）是中国航天科工集团第三研究院 304 研究所与成都市青白江区政府共建的新型研发事业单位，作为一家专注于科技产业发展和军民融合产业技术创新的机构，对科技产业和军民融合产业技术创新有着独到的见解与践行。

　　1. 高度重视技术创新和研发，紧紧围绕国家、军队、地方战略需求和市场需要，开展前沿技术研究和核心关键技术突破，通过加强与高校、科研机构和企业之间的合作，共同推动技术创新和研发成果转化。产研院聚焦关键核心技术，着力解决"卡脖子"难题，积极策源新技术，精心培育新业态。智能电磁频谱感知项目团队现有专利 12 项，高光谱脉冲强紫外光源应用项目团队现有知识产权 23 项，特种电源项目团队现有专利 21 项，油液智能在线监测净化项目团队现有专利 35 项，玄武岩纤维应用技术项目团队现有专利 6 项。产研院通过建立孵化器和加速器等平台，提供资金、技术、人才等多项支持，促进科技成果转化和产业发展。目前已成功孵化了多个具有前瞻性、创新性、小而美的项目，涉及检验检测、智能制造、特种装备和信息技术智能应用等领域。

　　2. 深度挖掘军工科研院所产业链优质企业潜力，依托政府产业牵引政策支撑，和相关企业、团队紧密合作，共同推动技术创新应用、产业发展和政策落实。近年来，产研院与地方政府单位协同推动 13 个重点项目落地，将与智远先进制造技术研究院共同打造"中试快响中心"，规划建设精密加工柔性产线，打造检验检测平台，建设数字化装配中试产线，搭建产教融合平台，为中试产业提供从研发到中试定型的全链条服务。

　　3. 高度关注市场需求和商业化前景，积极推动技术应用和产业化发展，通过与企业和市场机构合作，共同开发新产品和服务，推动技术在市场上的应用和推广。产研院已在高端装备制造、新材料、信息技术等多个领域汇集了21个重点项目，已落地4个研发项目（玄武岩纤维应用技术项目、油液智能在线监测净化项目、智能电磁频谱感知项目和超高速成像项目），4个中试项目（特种无人机项目、特种电源项目、数字化统控引擎项目和高光谱脉冲强紫外光源应用项目），4个研发项目已在产研院成立实验室，4个中试项目已完成2家公司注册〔四川国飞创新航空科技有限公司、圣易达（成都）光电科技有限责任公司〕。这些项目和产品的成功落地，不仅为产研院的研发工作提供了有力支持，也为航天技术领域的发展注入了新的活力。

4. 在人才培养和创新创业支持方面，产研院积极引进和培养高端人才，为科技发展和产业发展提供人才保障。通过建立人才培养计划和激励机制，吸引和留住优秀人才，推动科技创新和产业发展。采用刚性与柔性结合方式聚集科研技术人员60余人，其中副高级以上技术职称人员20余人。面向科研院所顾问总师、技术与职业技能青年人才等群体构建多方位、体系化的创业团队，为科技人才和创新创业团队提供技术支持、资金扶持和创业指导等服务。

| 第四节 |

打造优良营商环境，培育中试产业发展 "新动能"

营商环境是企业等市场主体在市场经济活动中所涉及的体制机制性因素和条件，包括市场环境、政务环境、法治环境等方面。优良营商环境是市场经济健康发展的需要，也是我国深化经济体制改革的必然趋势。党的二十大报告明确提出，"完善产权保护、市场准入、公平竞争、社会信用等市场经济基础制度，优化营商环境"。营商环境直接影响着企业的经营效率、成本和发展前景，良好的营商环境对中试产业的发展不言而喻。习近平总书记在参加十四届全国人大二次会议江苏代表团审议时指出，持续建设市场化、法治化、国际化一流营商环境，塑造更高水平开放型经济新优势。近年来，成都市青白江区坚定不移把优化营商环境作为改革"一号工程"，树牢"大营商环境"理念，依托自贸试验区"改革创新试验田"体制机制优势，秉持"首创、率先、示范"改革原则，持续迭代升级营商环境政策体系，积极做优政务环境、做强创新环境、做实要素环境，用更优的政策、更低的成本、更高的效率、更好的服务，进一步简政放权、提升服务、赋能增效，推动科技成果加速转化，营造有利于企业和各类市场主体竞相发展的良好环境，以真金白银、真情实意让中试企业感受到温度和变化。

1. 优化准入退出服务，便利投资建设服务

优化准入和退出服务，提供便利的投资建设环境，是促进企业创新、灵活运营的关键一环。青白江区通过一系列有力的营商环境优化举措，着力培育中试企业，实现准入和退出服务的便利化，为企业提供更灵活和高效的投资建设环境。

精简准入程序，提高投资便利度。在自贸区实施商事登记确认制改革，全面推行企业名称申报承诺制，中试企业实现"0 费用开办，立等出照"；探索"一址一证"同业准入承诺制改革，降低中试产业进入市场的门槛，有效破解同一地址原许可证有效期内未注销导致不能新办同类许可的"前证不注销、后证难办理"的堵点问题，加速中试企业准入准营；创新中试项目准入管理，推动产业园区规划环评与中试项目（基地）环评联动，对位于已完成规划环评并落实相关要求的园区中符合相关生态环境准入要求的中试项目（基地）环评实施简化管理；优化重塑中试项目准入过程，将企业注册、中试项目认定、环境影响评价等中试

项目准入关联性强、高频的跨部门事项，整合为"中试项目准入一件事"，实现"一窗受理、一次办好"；实施企业投资项目备案无人干扰"点单式"服务，将常见企业投资项目分为 10 个大类，实现中试企业项目投资备案自主点单、自由选择、订单式申报。

便利获得经营场所，降低企业开办难度。青白江区通过建立经营性用地资源及可招商产业用地资源"两张图"，推动存量土地资源与企业用地需求匹配对接，提高土地资源利用效率，确保企业获得符合其需求的用地；以产业园区为重点试点建设经营场所资源信息平台，推动场所资源与企业需求高效匹配，信息平台的建立提高了资源的透明度，使企业更容易了解和获取可用的场所资源，为中试产业提供了更大的选择和发展空间；搭建重点项目全生命周期管理平台，推动项目管理服务数字化、智慧化，通过数字化手段可以更好地监控项目的各个阶段，提高项目管理的效率，加速项目的推进，为中试产业的发展提供了更为便捷和精准的管理工具；对符合条件的项目实行"1＋N"多证联发，实现"拿地即开工"，为符合条件的项目提供了更迅速的启动机会，加速中试产业项目的实施，提高投资回报率；创新取水许可审批"两级"承诺制，实现一日办结，提高中试产业项目的上马速度，缩短项目实施周期；推行"工业上楼"新模式，支持有产业园区运作经验的企业建设标准厂房和链主企业自建多层厂房，有效降低了企业建设厂房的成本和周期，为中试产业提供了更为灵活和经济的生产基地选择。

这一系列的改革措施为青白江区中试产业良性发展创造了更加有利的营商环境，简化企业开办流程、提高企业开办效率、降低企业开办成本，让企业将更多的精力集中在创新上，提高市场竞争力，助力中试产业发展。

2. 坚决破除市场壁垒，助推企业做大做强

积极搭建支持平台、提供专业指导，深刻改变市场环境，探索推动区港一体化模式、自贸试验区改革、强化金融服务支撑、提高争端解决

效率入手，创造更加优越的经营环境，降低企业运作风险。

打通国际贸易壁垒，扩大中试产业市场。探索推动区港一体化模式，促进中心站、铁路口岸及综保区等核心区域的联动发展，提高整体产业链的效益，为中试产业提供更加便捷、高效的发展环境；深入推进自贸试验区创新改革，拓展"一单制"在亚蓉欧大通道上的创新应用，降低贸易壁垒，提高进出口的效率，为中试产业的对外贸易提供更多便利条件；进一步优化进出口作业流程，推进"智能云分流""即到即入""同仓调拨"等创新业务落地，创新推出散货"先查验后装箱"新模式，有效解决普通拼箱"一票查验、一柜甩货"的业务堵点，成功解决物流业务中的瓶颈问题，提高通关效率，降低物流风险，提高中试产业的供应链效率；允许符合条件的海关特殊监管区域外企业开展高附加值、高技术含量、符合环保要求的保税维修业务，有助于引入更多高科技产业，促进中试产业的升级和创新；举办外资企业服务活动，增强外资企业在青白江发展的归属感，提高外资企业的投资信心，促进外资企业的深度融入，为中试产业引入更多国际资源和技术。

强化金融服务支撑，激发企业活力。组建 5 亿元注册资本的中试产业投资公司，推动"投补联动"，按照"政府指导、企业运作、专业执行、综合监督"原则运行设立总规模 50 亿元的中试产业发展基金群，强化"孵化＋投资"服务功能，在一定额度内建立基金投资免责机制，对中试项目通过有条件补贴或投资形式支持，"以育代引""边育边引"实现在企业孕育期提前锁定优质项目，有效促进就地转化孵化；加速金融服务、金融资源金融创新等要素集聚，加快建设自贸试验区金融服务中心，有助于形成完善的金融生态系统，为企业提供更多元化、专业化的金融服务，有助于推动中试产业的发展；深入开展合格境外有限合伙人（QFLP）改革试点，推动完善外商投资股权投资企业认定机制，支持高新技术和"专精特新"企业跨境投融资便利化，为青白江区引进更多外商投资提供更加便利的政策环境，拓展海外市场，促使中试产业与国际接轨，获取更多国际资本和资源；深入推进中小微企业金融服务能力提升工程，引导金融机构进一步完善"敢贷愿贷、能贷、会贷"服务机制，降低初创中试企业融资成本，助力其更好获取金融支持。

促进市场公平竞争，激发企业内生动力。切实规范招标投标主体行为，制定招标投标负面行为清单，明确妨碍市场公平竞争的各类情形和责任，消除不正当竞争行为，推动市场各方在公平的基础上展开竞争；编制政府采购禁止事项摘录，禁止在采购条件、规则标准对市场主体实行差别待遇，降低因信息不对称而导致的市场摩擦；加大政府采购支持中小企业发展力度，针对中小企业的支持措施，如预留采购份额和价格扣除优惠政策，帮助提升中小企业在市场中的竞争力。这不仅有助于产业结构的优化，也促进经济的多元化发展；符合政策导向、有发展前景的新业态新模式企业，在生态环境领域探索给予合理的执法"观察期"，有助于培育新兴产业，推动科技创新，为产业发展注入新的动力。

优化法治环境，高效推动争端解决。前置督促程序，积极引导当事人选择申请支付令进行高效处理，有助于维护中试产业中的合同权益，提高交易的安全性，降低商业风险；探索建立政务诚信诉讼执行协调机制，由人民法院定期将涉及政府部门、事业单位失信被执行人信息定向推送给政务诚信牵头部门，有助于打破信息壁垒，提高政府部门的信用管理水平，促使企业更加守法守信，减少中试企业运营潜在风险。此外，青白江区还在财务税收、市场交易、安全生产、环境保护、知识产权与数据合规五大领域扩大企业合规试点改革，制定企业合规指引，完善涉案企业合规第三方监督评估机制，有助于规范企业行为，提高企业的法治意识，为中试产业的可持续发展提供保障；健全商会调解制度体系，构建"商会调解＋司法确认""商会调解＋赋强公证"模式，有助于企业通过商会调解更快速、更灵活地解决纠纷。这不仅降低了企业参与法律程序的成本，也提高了纠纷解决的效率。

一系列的有力举措为中试企业在青白江区公平、透明、高效、便捷、宽松、灵活发展创造了良好的环境，助力中试产业发展迈上新的台阶，也有力地推动了产业结构的优化和升级。

3. 创新政务服务方式，强化资源要素保障

积极探索创新政务服务方式，提高政务服务效能，优化资源要素保障，提升中试产业协同创新能力，促进中试产业的蓬勃发展，进一步提升中试产业的创新力和竞争力。

在政务服务方面，精准对接园区中试主体办事需求和产业发展需要，开展政务服务集成授权改革，设立自贸区政务服务中心，成立中试平台、中试项目服务专班，开设全省唯一一个区（县）级商标受理窗口、中试项目服务窗口、工程建设项目服务窗口等各类中试服务综窗，为中试主体提供"一站办四级"审批服务。推进"一件事一次办"，将"一件事"事项全部纳入政务服务大厅综合窗口，实现"一窗受理、一次告知、一表申请、一套材料"。借助"12345 亲清在线"平台，高质量服务企业，实现惠企政策"一网查询""一键申请""一次办理"，让企业少跑路、多受益、少烦恼。这些智慧化便利化政务服务，为中试产业提供了更加灵活和高效的政务服务，减少了企业的行政负担，推动中试产业的创新和发展。

在企业服务方面，组建安评、环评专家智库，对中试项目安全环保、工艺技术等方面提供全程专业指导服务。上线全国首个面向"一带一路"的国际中试产业服务平台，集聚高校与科研机构团队人才，在线收集科研中试项目，展示中试专家团队、中试设备、中试车间、金融机构、知识产权、政策资讯等资源，对外发挥中试产业资源赋能展示功能，对内发挥科研中试项目的投资、中试、产业转化服务功能，提高中试产业资源流转共享效率。试点推出"企业管家"服务，为企业提供融资分析、办事咨询、诉求反映等全方位贴身服务。这些个性化服务有助于更好地满足中试企业的多样化需求，提升中试企业发展的全生命周期服务水平。

在智能税务建设和数字化服务方面，青白江区创新服务模式，探索

智慧税务建设，创新搭建集"在线问诊—自助治疗—执法优化—遵从提升"于一体的全景式税务健康体检服务模式。这一服务模式使中试企业可以更全面、便捷地了解税务相关信息，提高纳税服务的透明度和便利性；数字化整合，引入"数字员工"项目，实现"互联网＋税务"与税务大数据"智能化服务"有机融合，助力企业更高效地处理税务事务，减少冗余工作，提升工作效率；开展"跨境电子缴税"试点，实现"跨境缴税""全程网上办"，为中试产业提供更加便捷的税收服务，促进国际合作。

综合而言，青白江区在培育中试产业方面通过政务服务创新和资源要素保障，为企业提供了全方位的支持，助力中试产业取得了显著的发展成果。这些举措不仅促进了中试产业的蓬勃发展，也为企业提供了更加优越的经营环境，为产业升级提供了强有力的支持。

第五章

"开放立区"：青白江区中试产业发展前瞻

放眼世界，是青白江探索以中试产业促进区域高质量发展的视野所在。党的二十大报告明确提出，"中国坚持对外开放的基本国策，坚定奉行互利共赢的开放战略，不断以中国新发展为世界提供新机遇"。这一重要表述，再为青白江区联动中试产业与开放发展，提供了重要指引和基本遵循。

立足中国，是青白江探索以中试产业促进区域高质量发展的基本依托。党的二十届三中全会指出，开放是中国式现代化的鲜明标识，必须坚持对外开放基本国策，坚持以开放促改革。聚焦全面建设社会主义现代化国家的首要任务，要求我国以更为灵活的举措推动开放型经济高质量发展，从而积极应对外部遏制、封锁和极限施压，主动应对各种不确定性、不稳定性和超预期变化。同时，随着成渝地区双城经济圈上升为国家战略，为青白江区谋划开放型经济提供了更大平台。

聚焦成都，是青白江区探索以中试产业促进区域高质量发展的主动作为。四川省第十二次党代会报告提出，深化"四向拓展、全域开放"格局。中共四川省委十二届三次全会提出，积极参与共建"一带一路"高质量发展，深化国际国内产业合作。中共四川省委十二届五次全会对以发展新质生产力为重要着力点扎实推进高质量发展作出安排，鲜明提出要以大开放集聚先进生产要素，明确要求成都做强极核支撑，探索超大城市转型发展新路径，加快建设国际门户枢纽城市。这些为成都深入发挥开放优势、提升城市能级、服务发展大局指明了方向。成都市第十四次党代会报告明确提出，"未来五年，成都着力建强开放合作平台，高能级开放平台体系和国际供应链体系更加完备"。成都市委十四届五次全会亦指出，加快建设国际门户枢纽城市，以高水平开放推动高质量发展，为中试产业提供了对内对外开放的双重空间。

青白江区以"五个开放"为重点，既是"开放立区"的实施路径，也是与中试产业联动的具体举措。"五个开放"包括：加快构建更高水平的开放通道、加快打造更高水平的开放平台、加快发展更高水平的开放型经济、加快推进更高水平的开放合作、加快营造更高水平的开放环境。在高能级开放平台体系和国际供应链体系的平行互促关系中，如何发挥青白江区作为成都国际铁路港和陆港主枢纽承载地的枢纽功能，如何用好在"一带一路"沿线国家和地区关键产业要素集聚和市场辐射方面的优势，本章对此尝试作出回答，从发挥陆港主枢纽功能、激活中试产业内生动能角度，望开放型经济视野下青白江区中试产业的未来。

| 第一节 |

开放之基——发挥陆港主枢纽与中试产业双向带动作用

党的二十大提出，"中国坚持对外开放的基本国策，坚定奉行互利共赢的开放战略"；党的二十届三中全会又提出，"建设更高水平开放型经济新体制"。这些都为开放型经济做出了清晰指引。对拥有陆港主枢纽功能的青白江区，中试产业具备与陆港主枢纽的联动空间，共同形成了科技创新的外向辐射能力。在这个背景下，陆港主枢纽与中试产业构成的平行互促关系，共同勾勒出开放型经济背景下青白江区中试产业发展的未来走向。

成都市青白江区依托陆港枢纽优势，探索打造面向"一带一路"的国际中试产业基地，以科技成果转化推动成都产业建圈强链部署落地落实，为成渝地区双城经济圈建设提供创新动能。从这个意义上，青白江中试产业的开放实践，对于成都积极融入和服务构建新发展格局，服务"一带一路"建设和长江经济带发展、新时代推动西部大开发、成渝地区双城经济圈建设等重大决策部署，具有"一子落全盘活"的价值；对于全面落实四川省委"四化同步、城乡融合、五区共兴"发展战略，推进"两高地、两基地、一屏障"建设，传承和强化成都"中外交流的枢纽"独特优势，具有"以一域服务全局"的意义。青白江形成了以大开放促进大开发，加快培育发展新质生产力的中试产业实践。

1. 开放通道：为中试产业外向延伸提供支点

习近平总书记在 2019 年 4 月 26 日第二届"一带一路"国际合作高峰论坛开幕式主旨演讲中指出，"中国将同各方继续努力，构建以新亚欧大陆桥等经济走廊为引领，以中欧班列、陆海新通道等大通道和信息高速路为骨架，以铁路、港口、管网等为依托的互联互通网络"。这既是中国与世界的新型链接，也是青白江区建设陆港主枢纽的方向指引。对青白江区而言，开放通道的双向吞吐吸纳，既通过集成全球先进技术和各类要素为中试产业提供了升级支撑，也通过通道对外辐射为中试产业外向延伸提供了重要支点。

当代中国开放型经济已形成了多层次、多样性、体系化的通道，其中新亚欧大陆桥经济走廊既是"一带一路"的重要载体，也是成都"四向拓展"的重要方向，更是青白江区发挥陆港主枢纽与中试产业辐射带动作用的重要依托。新亚欧大陆桥中的具体通道包括中欧班列、陆海新通道。其中，中欧班列是由中国铁路总公司组织，按照固定车次、线路、班期和全程运行时刻开行，运行于中国与欧洲以及"一带一路"沿线国家和地区间的集装箱等铁路国际联运列车，是深化我国与"一带一路"沿线国家和地区经贸合作的重要载体和推进"一带一路"建设的重要抓手。"西部陆海新通道"已与中欧班列和长江黄金水道实现联通，并已初步实现丝绸之路经济带和 21 世纪海上丝绸之路的有机衔接。

陆港主枢纽建设中，以成都为中心，将欧洲近一万公里的距离通过铁路紧密地连接在一起，利用铁路在中长距离的货物运输优势，以及在特定品类上的运费优势，将以电子产品为代表的各类货物运送到欧洲。如今，成都国际铁路枢纽已形成中欧（亚）班列、西部陆海新通道班列、中老（越）班列等多向度班列协同运行格局，初步构建起以成都为主枢纽，西进欧洲、北上蒙俄、东联日韩、南拓东盟的亚蓉欧大通道，畅联波兰罗兹、德国纽伦堡、荷兰蒂尔堡等 100 余个境外城市，上海、钦州等 30 个境内城市。

中国已与 84 个"一带一路"沿线国家和地区建立科技合作关系，这些都是中试产业"拓面出圈"的潜在空间。中国面向共建"一带一路"沿线国家和地区支持联合研究项目有 1118 项，累计投入 29.9 亿元，在农业、新能源、卫生健康等领域启动建设 53 家联合实验室。启动的"一带一路"国际科技组织合作平台建设项目累计吸引了 200 多个国际组织和 1000 多个国别组织参与，涉及全球 150 多个国家和地区，共实施 152 个项目，支持建立或筹建 30 家区域科技组织、36 家国际科技组织联合研究中心、5 家国别科技问题研究中心，培养 11.9 万多名科技人才。对青白江区发展中试产业而言，作为中欧班列、陆海新通道的衔接地，天然具备先进科技成果转化的枢纽角色。围绕科技成果转化全链条、全要素，发挥青白江区中试产业基地纽带作用，持续做强平台服务端，将在高效整合"一带一路"沿线国家和地区成果供给端、企业需求端的过程中，依托开放通道将自身打造为科技信息集聚、技术交易、成果转化的产业生态系统。

中国日益增强的科技实力和创新能力，是高质量推进"一带一路"科技创新合作的前提，也为青白江区中试产业面向"一带一路"提供了坚实的技术后盾。当前，中国科技正在从量的积累迈向质的飞跃，从点的突破转向系统能力提升。根据世界知识产权组织发布的全球创新指数报告显示，中国创新能力综合排名从 2012 年第 34 位提升到 2022 年第 11 位。与此同时，中国始终秉持全球视野，深化国际创新交流合作，注重发挥各国比较优势和资源禀赋，让科技进步惠及更多国家和人民。上述科技实力和创新能力，是青白江区发挥陆港主枢纽优势，实现开放枢纽与中试产业互促共赢的载体。

"一带一路"科技创新合作持续推进，有力促进了民心相通、理念融通、要素畅通、设施联通，带动了中国与"一带一路"沿线国家和地区发展战略对接、产能合作，为沿线经济转型和产业结构调整注入新动能。当前，世界百年未有之大变局加速演进，新一轮科技革命和产业变革深入发展，"一带一路"科技创新合作面临新的机遇和挑战，迫切需要通过科技创新共同探索全球性问题的解决方案。青白江区的"一带一路"中试产业基地并不是打造一个简单的"基地"，而是要形成既能集聚创新要素又能赋能上下游的中试产业，通过构建"科技创新、人才培养、小试中试、产业孵化、生产制造"五位一体的产业生态体系，持续推动产业建圈强链，优化调整"四大结构"，加快建设科技创新策源高地。

2. 开放平台：为中试产业提质升级夯实保障

平台是产业集聚和经济转型发展的重要载体，开放平台能级的高低直接决定着开放型经济发展的质量和效益，也直接决定了中试产业的市场腹地和发展空间。2020 年，习近平总书记在中国国际服务贸易交易会全球服务贸易峰会上指出，"中国将坚定不移扩大对外开放，建立健全跨境服务贸易负面清单管理制度，推进服务贸易创新发展试点开放平台建设"，既是青白江区开放平台建设的方向指引，也为青白江区中试产业提供了以服务贸易"走出去"的重要机遇。

目前的开放平台包括四类：第一是以自贸区为代表的战略平台，承载着相应的战略使命和试点示范功能；第二是以高新区、经济开发区等为代表的园区平台，是开放型经济面上推进的主战场；第三是以综合保税区、口岸枢纽、交易所为代表的功能平台，承载着开放型经济特定环节、特定功能；第四是以西博会为代表的活动平台，为各类展销活动提供载体。青白江区基本具备上述各类开放平台，具备"平台赋能、产业支撑、要素集成"的能力和机遇。

一是青白江区中试产业依托自贸区等战略平台，实现了作为服务贸易的全球突围。从全球发展趋势看，服务贸易的比重逐步提升，国际贸易规则的聚焦点已从"货物贸易—服务贸易—投资"转变，而自贸区提供的服务贸易"直通车"，助推青白江区通过直接承接海外试验环节等外包服务业务，在融入全球经济中实现自身中试生态的孵化。

专栏 5-1　青白江区"一带一路"中试基地中试平台及配套体系

> 　　青白江区"一带一路"中试基地中试平台已建成投运 5 万余平方米和 25 万平方米的配套功能载体。青白江区将引导建立"2+3+N"中试基地配套体系：
>
> 　　聚焦高性能纤维、先进金属材料等主导产业中试需求，依托玉龙、攀成钢等老工业企业，打造四川高性能高分子研究中心、成都先进金属材料研究院 2 个重要中试平台。
>
> 　　依托欧洲产业城蓉欧智谷大楼及高性能纤维材料产业功能区国企存量土地资源，布局建设文澜智谷、340 科创园、蓉欧科创智谷 3 个中试综合体；整合 43 个企业技术中心、院士（专家）创新工作站等创新资源，打造新能源商用车"车电分离"等 N 个中试应用场景。
>
> 　　同时，搭建一批联合试验、应用中试、孵化转化和数据服务等功能性平台，为科技成果转化提供研发试验、中试测试、产业办公和展览展示等"一站式"服务。

二是青白江区中试产业依托高新区等园区平台，在中试业务本土化落地的同时提升了产业链供应链韧性。中试产业对上下游供应链、安全生产等具有特殊要求，园区平台有助于提供稳定的发展环境，通过补齐中试公共服务平台短板，整合分散的中试资源，建设专业中试产业载体，进而集聚链主企业和"专精特新"企业，统筹推动产业建圈强链。

习近平总书记强调，产业链、供应链在关键时刻不能掉链子，这是大国经济必须具备的重要特征。产业链、供应链稳定是应对国内外变局的必然要求，在这方面我国既有短板又有机遇。我国经济发展面临的国内外环境和形势正在发生深刻而复杂的变化，产业链、供应链稳定运行面临双重压力，需要整体产业链在外部环境变化时能够快速响应、精准决策、协同应对。在此背景下，保持产业链供应链稳定，提高断链、缺链风险预防能力，有助于优化要素资源配置效率，促进要素资源由低技术、低价值环节向高技术、高价值环节有序流动。在这个意义上，中试产业是保障产业链稳定、提升供应链韧性的重要力量。

中试产业是原始创新与工业体系深度融合所形成的应用生态，具有提升双链稳定性、竞争力的显著优势，在实践中正成为推动产业链供应链稳定的重要支撑。一方面，中试产业为链主企业建立供应链上下游企业长期稳定的协同协作关系、推动产业链可持续发展提供了平台支点。另一方面，中试产业为政府部门构建健全的动态监测、预警预测与闭环反馈机制，有效提高政府部门产业管理能力；通过发布中试平台发展指数和行业特色指数，动态监测产业发展态势，助力行业主管部门精准施策。

以武汉为例，截至 2023 年 9 月，武汉市备案的中试平台已达到 156 家。为不断提高中试平台对外开放服务水平，武汉加强了中试平台备案和绩效考核工作、推进重点中试平台建设、组建中试平台服务联盟等，在全市打造一批技术研发水平高、创新资源配置优、开放服务功能全的重点中试平台。对重点建设的中试平台，由市、区按照实际投资额的30%给予最高 2000 万元补助，还将引导企业、高校院所、投融资机构、中介服务机构等创新主体加入中试平台服务联盟。

专栏 5-2　中试产业提升产业链、供应链韧性的路径

发挥中试平台集聚效能，有效疏通产业链、供应链堵点痛点。完善中试平台监测系统，推动重点平台互联互通，及时掌握产业运行情况和风险苗头，保障产业链供应链运转顺畅。研制并发布化工、生物医药、新材料等国民经济重点行业平台发展指数，更真实准确、全面地反馈国内经济的活力。发挥龙头中试企业"链主"引领作用，深化产

业链上下游协作配套，推动基于平台的中试信息开放共享，以应用价值引导企业上平台用平台。鼓励中小企业基于中试平台与供应链核心企业开展联合创新和协同制造，加快形成大中小企业融通发展的格局。

加强开放协同理念，激发中试平台赋能产业链、供应链稳定潜力。以政府数据开放带动平台、企业、产业数据开放，完善数据价值评估、安全可信和转让交易机制，进一步释放中试行业全链数据贯通能力。以市场机制为主导，加强中试平台与人工智能、区块链等新一代信息技术的融合，推动规模应用和双向迭代。

优化中试平台发展环境，加速产业链、供应链现代化水平提升。制定中试平台服务商评价、工业企业接口协议等方面的标准规范，营造产业发展良好环境。聚焦产业链、供应链关键环节和发展需求，建立市场化运作、专业化管理的中试产业赋能专项基金，更好发挥资本在保障产业链、供应链稳定和引领转型过程中的积极作用。

三是青白江区中试产业依托以综合保税区、口岸枢纽为代表的功能平台，实现了作为创新业务的包容性监管。青白江区发挥新型材料、装备制造、智能家电等适铁适欧出口加工制造优势，以实际产能为依托积极对接"一带一路"沿线国家，开展联合实验室、国际科技园区合作。通过发挥综合保税区、口岸枢纽等功能平台优势，促成"产能走出去、技术引进来、中试用起来"，实现了在开放环境下的中试产业赋能新路径。建设面向"一带一路"的国际中试产业基地，搭建起了与世界各国科学技术共享的交流平台。这意味着以产业链为核心，结合供应链、创新链，乃至信息链、资金链，青白江中试产业基地将在"一带一路"沿线国家和地区实现创新要素的链接。进一步，四川乃至成渝地区各行业先进技术都可以通过基地走向国际，有效促进四川与"一带一路"沿线国家和地区开展技术交流，进行转移协作，促进区域产学研深入对接。国际先进技术也可以在基地进行中试后，在国内转化、孵化为产业化项目。

专栏5-3 青白江区做实中试产业发展环境的主要做法

一是支持人才引育，强化人才支撑。强化中试产业人才培养，制定支持中试产业人才引育专项政策，推进先进材料工匠学院和工程师队伍建设，发挥领军人才示范带动作用，组织企业技术人员团队进行专业培训、交流，加快集聚一批中试专业技能人才、科技成果转化服务人才，形成"引进一个人才、带来一个团队、打造一批项目、壮大一个产业"的链式效应。

二是创新投补联动，加强金融保障。组建5亿元注册资本的中试产业投资公司，推动"投补联动"，按照"政府指导、企业运作、专业执行、综合监督"原则，运行总规模50亿元的中试产业发展基金群，强化"孵化+投资"服务功能，在一定额度内建立基金投资免责机制，对中试项目通过有条件补贴或投资形式支持，"以育代引""边育边引"，实现在企业孕育期提前锁定优质项目，有效促进就地转化孵化。

三是优化土地供给，满足用地需求。对落户青白江区的中试平台、中试项目，给予优先保障用地规划和指标需求，允许采取租赁、弹性出让、先租后让等方式优先用地，推行交地即交证，并对使用低效工业用地的，允许采用分割转让方式取得土地使用权。增加混合产业用地供应，单一工业用地中可突出主导用途，兼容仓储、物流、研发、办公、商业等混合用途，鼓励打造中试空间、应用场景等共享小试中试载体。

四是青白江区中试产业依托以西博会为代表的活动平台，实现了面向"一带一路"的深度合作。通过瞄准"一带一路"沿线国家和地区创新型前沿技术，在西博会等活动平台"引进来"重点项目（产品），推动国际前沿成果在青白江区内实现规模化应用和产业化发展。

专栏 5-4　青白江区以开放提升中试产业发展环境的主要做法

一是搭建产业研究平台，抓好创新成果来源。引进多元投资主体，组建中试产业研究院，加强中试产业理论研究，编制中试产业发展图谱。积极探索"政府＋科研院所"合作建设新型研发机构模式，与中国航天科工集团第三研究院304所合作共建航天赛博产业技术研究院，作为新型研发事业单位，重点聚焦航天信息与智能技术、军民融合成果转化、智能制造等专业领域，构建"研发—中试—生产"完整产业链，打造西南军民融合技术产品中试和孵化平台。

二是重点打造中试平台，推动成果转化孵化。聚焦新材料、新能源、装备制造三个领域，依托老工业基地工业基础雄厚、中试研究设施完备、工程技术人才丰富等方面的优势，重点打造文澜智谷、340科创园、欧洲产业城金汇能等中试平台，配套上下游企业，构建"研发—中试—生产"完整产业链，探索从技术研发、产业孵化、孵化加速到产业集聚的重视产业化实施路径，有效推动技术的产品化和产品的市场化。

三是建设产业服务平台，汇聚科技转化力量。以先进的数字技术为底座，以网络平台化思维为基础，上线全国首个面向"一带一路"的国际中试产业服务平台，网罗高校与科研机构团队，在线收集科研中试项目，展示中试专家团队、中试设备、中试车间、金融机构、知识产权、政策资讯等资源，对外发挥中试产业资源赋能展示功能，对内发挥科研中试项目的投资、中试、产业转化服务功能，提高中试产业资源流转共享效率。

3. 开放环境：为中试产业放大优势做实根基

开放环境是将开放通道、开放平台的优势固化的载体，是更持久、本质的开放型经济构成。党的二十届三中全会提出，"打造透明稳定可预期的制度环境""稳步、扩大制度型开放"。习近平总书记在中央财经领导小组第十六次会议上指出，"我们提出建设开放型经济新体制，一个重要目的就是通过开放促进我们自身加快制度建设、法规建设，改善营商环境和创新环境"，揭示出开放型经济中开放环境的重要意义。

建设开放环境如同"种下梧桐树、引得凤凰来"，这才是一个地区持续发展的深层动力所在。2022 年 6 月 22 日，习近平总书记出席金砖国家工商论坛开幕式并发表《把握时代潮流　缔造光明未来》主旨演讲，指出"中国将继续提高对外开放水平，建设更高水平开放型经济新体制，持续打造市场化、法治化、国际化营商环境"。当前，国际竞争很大程度上是营商环境竞争，对青白江区发展中试产业而言，打造市场化法治化国际化营商环境，就是在吸引外来优质要素的基础上夯实开放型经济体系。

开放环境包括营商环境、市场环境、人居环境和制度环境这四个模块。对青白江区发展中试产业而言，具体就是通过国际化营商环境打造，加快建设国家服务贸易创新发展试点城市助推中试产业"走出去"；通过公平、公正、公开的市场环境，营造稳定公平透明可预期的制度环境，催生中试产业生态体系的竞争力；通过区域协调发展的制度环境，催生开放型经济方面的制度、标准、规则驱动，从而为中试产业获得更广范围、更大空间的市场腹地。

开放环境是吸引人才和市场主体集聚的载体。青白江区聚焦建设面向"一带一路"的国际中试产业基地的目标，围绕中试产业人才这一关键要素，在精准引才、系统育才、生态营才上下实劲，着力将人才链嵌进产业链、融入创新链、激活发展链，为青白江区中试产业高质量发展提供强大支撑。

专栏5-5 青白江区中试产业人才环境建设进展

找好精准引才"着力点",把人才链嵌进产业链。聚焦人才对资源要素的敏感度,出台人才发展"十四五"规划,研究制定中试产业人才专项政策,采取以投代补、股权激励等方式鲜明投资人才、抢占蓝海导向,柔性引进石碧、王琪等院士、专家团队40余个,建成省级工程实验室等创新平台44个,推动12项科技成果就地转化,孵化科创企业6家。以"智汇陆港"人力资源协同创新行动计划为统揽,联合8所在蓉高校成立成都新材料学会,以会地共建方式建设先进材料中试产业城,汇聚技术咨询等领域专家220余名,同步举办中国工程院院士西南行等高端人才活动,吸引曲久辉等14名院士参与,落地碳中和中试产业基地等项目4个,促成西南交大与成都天马等校企合作150项,助推中试成果加速产业转化。

抓牢系统育才"主干线",将人才链融入创新链。聚焦人才对成长实践的需求度,深化校院企地合作,引导企业通过外送研修、订单培养、结对指导等方式与高校、科研院所开展合作交流,整合四川建筑职业技术学院、成都工程职业技术学校等学校教育教学资源和巨石、正西等企业技术研发优势,建成中试产业实训基地17个,促进"产教训"深度融合,累计培养工业设计、自动化控制等技能人才6000余名,培育"四川工匠""成都工匠"62名。按照市场化手段、分类化建设思路,建设文澜智谷、欧洲产业城、340科创园3个中试产业示范基地,建成标准化厂房80万平方米,提供6类小试中试共享试验场景,并依托中试产业工程师专委会培育工程应用人才400余名,实现科技创新平台(项目)"拎包入驻"、创新创业人才"即时办公"。

扩大生态营才"受益面",以人才链激活发展链。聚焦人才对发展环境的关注度,依托成德临港人才大厦,整合成都平原经济区人才、项目、平台、服务等创新资源要素,发挥青白江区、新都区、彭州市、金堂县和广汉市在装备制造领域的整体优势，以模具制作、检验检测等领域人才为主体，组建"大港+"工匠联盟，构建人力资源协同集群。成立中试产业投资公司，完善中试成果供需匹配、产业孵化等功能，推广运用"总部+基地"等产业协同模式，并依托成都国家铁路港建成全省首个知识产权国际交流合作中心，上线知识产权大数据平台，提供知识产权全生命周期服务，促进中试成果跨区域、跨国界转移。已累计开展中试熟化项目100余项，成功孵化攀钢嘉德精工等项目40余个，带动经济效益30亿元以上。

| 第二节 |

开放之路——以中试产业推动先进要素 "双向奔赴"

中试产业基地作为新型产业基础设施，在面向国内外创新主体提供共性支撑服务的过程中，有助于在专业中试转化服务中实现资源要素同用、竞争优势同构，共建高质量创新共同体和跨区域产业生态圈。

随着陆港空港的跨越式发展，成都供应链综合服务水平显著提升，能够在供应链各环节对物流、商流、信息流、资金流进行系统设计、控制和优化，具备开展国际科技成果转化交流和产能合作的良好条件，依托中试产业，将推动生产要素在开放生态中实现"双向奔赴"。

1. 以国际循环提升国内大循环效率和水平的青白江区思路

1.1 从"一带一路"中试产业的目标看，体现了"以国际循环提升国内大循环效率和水平"的宏观指向

青白江区"一带一路"中试产业实施意见提出，"到 2035 年，瞄准'一带一路'，成为重要的创新策源地"，这是在前期"建立相对完善的'中试产业基地'体系，在成都都市圈、成渝地区双城经济圈实现协同发展""到 2030 年，建成在全国有一定影响力的中试产业基地"等目标基础上的展望，也是与国内其他城市中试产业定位的区别。

固然，目前已有 20 个以上的省（区、市）制定出台了中试基地管理办法或专项扶持政策，但多局限于服务本地（周边区域）既有产业，尚未形成对接海外、放眼全球的顶层设计。青白江区中试产业的突出特色在于点明了"一带一路"范围，既是基于青白江区面向"一带一路"通道建设的良好基础，也体现了"以国际循环提升国内大循环效率和水平"的发展取向。

当下该产业尚处培育期，尚未大规模实质性的形成面向海外的产业布局，但思路有前瞻性，相信能够依托既有开放通道、开放平台、开放产业，在新发展格局下推动中试产业与"一带一路"沿线国家和地区各类新材料产品需求对接。其开放目标、任务与路径，至少包括以下几个方面：

一是面向"一带一路"的中试产业要"以国际循环改善我国生产要素质量和配置水平"为着眼点，不片面追求该产业对外的数量规模，而是要发掘与"一带一路"沿线国家和地区合作的质量增长点。例如，能否为本地中试产业带来新业态、新模式、新案例，能否在海外差异化的工况、供应链、需求特征下验证中试产业的普适性等。进一步，中试产

业的先导性、引致性将通过国际循环"撬动"全球性资源要素，从而孵化新业态、新模式。

二是面向"一带一路"的中试产业要以"增强我国在全球产业链供应链创新链中的影响力"为落脚点，研究如何面向"一带一路"沿线国家和地区实现中国标准、技术、方案等影响力输出，研究如何将"一带一路"沿线国家和地区的局部技术优势纳入我国创新体系之中，研究如何在面向"一带一路"沿线国家和地区的中试产业合作中探索服务贸易、数字贸易等创新形式。

三是面向"一带一路"的中试产业要以"参与国际市场竞争，增强我国出口产品和服务竞争力"为发力点，在前期就做好对标全球一流服务商的准备。目前，全球中试工厂测试头部厂商主要包括瑞士苏尔寿公司（SulzerLtd）、德国法德尔公司（Pfaudler）、三联虹普控股子公司（Polymetrix AG）等。青白江区中试产业具备与上述第一梯队的合作基础和共赢空间，在借鉴交流中补齐短板，通过中试产业基地赋能市场主体，从而培育头部企业和更具竞争力的解决方案，保障科技成果转化。

1.2 从"一带一路"中试产业的内容看，蕴含着"以制度型开放推动更高水平的开放型经济"的中观指向

中试是连接实验室研发与企业量产的关键环节，原始创新天然面临着"有标准无技术，有技术无标准"的空白，相应的中试服务行业规则机制也有待耕耘。从这个意义上，"一带一路"中试产业面向国内外的扩散交流本身就需要补齐"规则、规制、管理、标准等制度型安排"，涉及"科技创新、人才培养、小试中试、产业孵化、生产制造"等诸方面。推进规则等制度型开放，是高水平开放的必然要求，也是促进包括中试在内的各类产业高质量发展的题中之义，有利于推动全方位对外开放，培育国际经济合作和竞争新优势。

中试呈现出的集聚化、融合化、协同化发展趋势，决定了其发展要

整合各类创新资源，大力消除科技创新中的"孤岛现象"。中试经历"实验室验证—工业规模试制—商业规模示范"的推进过程，体现为既紧密连接、循环迭代，又发挥不同功能作用的过程。实验室验证衔接前端研发成果，为科技成果原型增加专有知识，从科技层面创造新技术/产品价值；工业规模试制探寻如何将科技成果放大，批量试验改进工艺获取流程知识，解决科技成果量产问题；商业规模示范与市场对接，借助试用信息摸底市场，从需求方创造科技成果的市场价值，促进科技成果向商业化发展。共享的资源越多、涉及的范围越广，资源的配置就会更加优化，科技成果转化效率更加快速，对产业的聚集效应将会更加明显。中试产业基地辐射影响的目标范围不能仅局限于一个区域，甚至不能仅局限于国内。从这个意义上，就是需要通过制度型开放推动实现更高水平的中试产业生态。为此，有必要从如下三个方面推动中试产业与制度型开放相联动。

一是将中试产业聚集扩散与相关规则、规制、管理、标准的制订统筹考虑，在率先提出建设面向"一带一路"的国际中试产业基地的同时将自身打造为行业标准高地、产业规则高地，创新以中试服务行业规则机制为衔接的开放制度新格局。比如，面向"一带一路"发起设立统一的标准和规范，建立全球化中试资源在线服务平台，公开中试资源使用情况，实时提供在线服务。建立完善的运行和开放情况的记录，并向全球发布中试资源开放制度及实施情况，公布中试资源分布、利用和开放共享情况等信息，逐步形成全球化的中试网络服务体系。

二是加速推进以数字贸易和服务贸易为承载的外向型中试产业，加强中试产业源头专利技术和开放公共的颠覆技术的市场化应用，鼓励跨学科跨领域交叉创新。中试服务平台作为技术创新的载体，是实践技术、工艺的商业化必经过程，也是全球创新成果向生产领域转移的技术经济重要抓手。面向"一带一路"的外向型中试产业，可通过数字贸易、服务贸易等形式，由海外需求方远程描述，国内基地配置样品并实时测试、持续反馈，实现中试服务的"走出去"。

三是将中试产业基地作为新型产业基础设施，面向国内及"一带一路"沿线国家和地区创新主体，提供专业中试转化服务，着眼资源要素同用、竞争优势同构，协同提升创新驱动发展水平，共建高质量创新共同体和跨区域产业生态圈。目前，"一带一路"沿线国家对各类新材料产品需求旺盛，青白江利用枢纽优势打造新材料中试产业平台，在对接海外市场需求、推动成都区域新材料产业发展方面具备广阔空间。通过产品核心技术不断推陈出新，打造中小企业特色产业集群，做好与高校、科研机构、中小企业的对接中试成果转移，引入工程设计、知识产权、检测认证等资源，建立技术成果中试转化保险补偿机制，对购置共性设备、公用工程、配套检测设备等给予支持。

1.3 从"一带一路"中试产业的本质看，凸显了"高水平科技自立自强与开放型经济'互促共融'"的微观指向

习近平总书记指出，"加快科技自立自强是确保国内大循环畅通、塑造我国在国际大循环中新优势的关键"。党的二十届三中全会提出"推进高水平科技自立自强，推进高水平对外开放"，为高水平科技自立自强与高水平"互促共融"指明了方向。中试产业是打造科技创新策源地的重要载体，是打造科技创新及成果转化应用体系的重要环节，面向"一带一路"中试产业基地同时具备开放意涵，共同构成了高水平科技自立自强与开放型经济"互促共融"的载体。

当前，青白江区尚面临"现有企业国际化的中试业务不多，在拓展与'一带一路'沿线国家和地区中试产业相关合作与交流上还有很大空间，铁路港优势还未能有效转化为服务中试产业发展的优势"等短板，这更需要中试科技创新与开放型经济"双向奔赴"。

按照青白江区中试产业的2035年展望，将实现全链条中试产业生态体系成型成势，与"一带一路"沿线国家和地区创新主体建立常态化合作机制，为实现上述目标需要在高水平科技自立自强中实现"内育外

引"的新突破。

一是要追踪中科院系统大连化物所、上海硅酸盐研究所、中关村智能制造中试服务联盟的技术进展，瞄准化工、材料领域中试环节梳理关键技术攻关清单，采取引入合作、"揭榜挂帅"、购买服务、院企联盟等方式突破瓶颈，打造中试技术高地，从而破解阻碍国内国际循环中的中试科技瓶颈，提升开放型经济对外竞争力。比如，成都高新区开创性地提出"瓦特式人才＋市场化投资运营＋科创团队"中试平台建设模式。在这个创新模式中，"瓦特式"核心人才是具备科研思维的工程师，可链接科学与工业、技术与生产，其背后有一批由技术、工程、市场及数据管理等人才组成的复合型运营团队。他们与龙头（链主）企业、科技园区、高校院所、新研机构、三方机构等具有建设中试平台成功经验或者良好基础的各类主体，联合申报中试平台。中试平台的投资运营均市场化，成都高新区以中试平台建设基金或国有平台投资的形式参与建设，并从平台建设、项目孵化、人才保障、中试项目、金融资本等方面给予支持。

二是要联动"一带一路"沿线国家和地区开展中试产业合作，用好国家《推进"一带一路"建设科技创新合作专项规划》中"加大财政支持力度、提升科技援助水平"等有关政策，将青白江区中试产业资源需求与国家专项规划衔接，争取纳入"一带一路"沿线国家和地区联合研究项目、国家联合实验室。

三是要深入推动面向"一带一路"的交流合作。推动国际前沿成果在本地实现规模化应用和产业化发展。发挥青白江区在新型材料、装备制造、智能家电等适铁适欧出口型加工制造优势，加强同"一带一路"联合实验室、国际科技园区对接合作，促进具有优势的技术、产品在海外实现产业转化。

2. 以制度型开放推动更高水平的开放型经济建设的青白江区探索

制度型开放涉及内容较为广泛，不仅包括经贸规则，同时也涵盖规制、管理以及标准等内容。首先，制度型开放是范畴更广的开放。制度型开放的突出特点是特别重视经济各领域、各系统的全方位制度设计，凡是涉及基本经济制度领域的改革与开放制度都是制度型开放的重要内容。其次，涉及范围也更加广阔。制度型开放覆盖宏观、中观和微观各个层面的内容。宏观层面包括经贸领域的法律法规、开放型经济形态、对外开放制度框架、对外开放模式、宏观经济治理等内容。中观层面包括公平竞争制度、要素市场化配置机制、国有企业和垄断行业管理制度、贸易投资规则规制及管理机制和管理标准等。微观层面主要包括涉外贸易、投资、工程承包等企业的经营管理等制度机制。再次，制度型开放是层次更深的开放。制度型开放是深度参与全球治理的路径。经济全球化使得每个国家的发展空间都不是一个孤岛，相反，世界成为一个息息相关的共同体，要系统且全方位地与世界接轨。在新一轮经贸规则和治理体系下，制度型开放不仅需要构建能够与国际经贸相衔接的规则和标准体系，还要着力释放全球化的制度开放优势，适时向国际"输送"国内先进的制度经验。

制度型开放对高水平开放提出了新的要求。一是要主动对接高水平国际经贸规则。为了适应高水平对外开放建设需要，要推进国内开放领域的制度建设，与国际通行规则对标，取其精华、去其糟粕，建立章程法规，探索建立过去没有的制度和规则，并加以完善。二是要积极参与并引领国际规则制定。标准制定的目标是实现从跟随到引领。谁掌握国际标准，谁就拥有制度竞争优势和国际话语权。因此，要积极参与和争取我国在国际贸易与治理中的话语权。三是要发挥建设性作用，提供更多有效的"中国方案"。在国际规则制定道路上，我们需要尽快完成从

"接轨"到"铺轨"的转变。这就需要我们从互动与磨合中推动问题的解决，在全球共同应对世界经济增长所受到的冲击中寻找共同点，积极推动制度创新，要做主动的建设者、引领者，发出中国声音，提出中国方案，展现中国智慧。比如，在深圳建立的"粤港澳大湾区中试转化集聚区"汇聚粤港澳三地优势，坚持面向世界科技前沿、面向经济主战场、面向国家重大需求、面向人民生命健康，着力突破重点领域关键核心技术，加快实现从研发到工程化的中试转化，打造国际一流中试转化服务平台，形成一批技术创新和产业创新成果，为大湾区建设持续产生高质量的科技创新供给。

近年来，青白江区主动融入国家发展战略，积极参与"一带一路"建设，坚持以通道促贸易、以贸易聚产业，不断增强国际门户枢纽核心功能，收获了国家级经开区、自贸区、综保区、陆港型国家物流枢纽、国家骨干冷链物流基地等国家级对外开放平台。在有形开放载体越发壮大的同时，青白江区注意到无形的制度环境对于开放型经济和中试产业的助力，探索出以制度型开放为导向、以更高水平的开放型经济为牵引，促进包括中试产业在内的开放红利落地。

习近平总书记在主持召开中央全面深化改革委员会第二次会议时强调，"建设更高水平开放型经济新体制是我们主动作为以开放促改革、促发展的战略举措，要围绕服务构建新发展格局，以制度型开放为重点，聚焦投资、贸易、金融、创新等对外交流合作的重点领域深化体制机制改革，完善配套政策措施，积极主动把我国对外开放提高到新水平"。从国内其他地方经验看，制度型开放将有效聚集中试产业及相关业态的落地。如 2023 年 2 月 15 日，广东惠州大亚湾石化园区，美国埃克森美孚总投资百亿美元的乙烯项目完成大件重型设备吊装，并开工建设研发中心。该研发中心是埃克森美孚在北美总部以外首个配备中试装置、融合产品研发及工艺开发的综合性研发中心，对当地形成了产业和科创两方面的交互加持。

围绕探索陆上贸易新规则，青白江区形成系列制度创新成果，以全国首创多式联运"一单制"、首创中欧班列集拼集运、首创中欧班列运费分段结算估价改革等多项创新举措，开拓出全面深化改革的新高地。上述规则、标准、制度方面的创新，为中试产业对接国际话语、融入国际分工提供了机遇。

专栏5-6　制度建设夯实中试产业开放底座

青白江区紧扣区域特色，探索规则和制度型开放新路径。基于国际铁路联运的物流与贸易规则，多式联运"一单制"应运而生。作为四川省经济领域唯一、全国自贸试验区唯一的案例，多式联运"一单制"成为面向世界推广的"四川实践经验"。创新"一单制+跨境贸易区块链平台、银保联合、银担联合、内外贸联动"等多种金融服务模式，累计签发"一单制"提单9000余单，融资金额近6亿元。通过整合物流资源、金融资源，将多式联运"一单制"作为跨境贸易的主要议付单据，从而逐步推行贸易方和金融方都认可的"一单到底"与"一票结算"模式。位于青白江区的成都铁路港枢纽结合自贸试验区建设，通过多式联运"一单制"形成了进出口企业、银行、港口之间标准化、规范化运营流程，加速了各个业务节点的流转效率，实现各方信息交互和验证的高效化，为打造一流营商环境做出了贡献。

青白江区正积极实施自贸试验区商事登记确认制，全国首创准入准营系统集成改革，首推"无感申报"模式，将传统的企业填写式审批模式转变为企业阅读式审批模式，减少60%以上的填报项，并创新实施企业投资项目承诺制，全流程审批时限压缩至45个工作日。对涉及大量审批、核准等前置性流程的中试产业各市场主体而言，这些措施极大地降低了时间成本和不确定性。

当国际枢纽链接"中试"，产生的"化学反应"就是青白江区新的开放之路。青白江区正充分依托成都国际铁路港枢纽功能，加快建设国际技术转移中心，强化国际创新协同，推动国际前沿成果在地规模化应用和产业化发展，着力破解科技与产业"两张皮"的问题。

③. 高水平科技自立自强与开放型经济 "互促共融" 的青白江区实践

我国科技与经济"两张皮"情况一直较为突出。多年以来，科研部门的研究方向与经济发展需求严重脱节，闭门搞科研甚至开展低端重复研究，即使是少数"有用"的研究成果，也因"职务发明"所有权等体制机制问题，被锁死在保密柜中。而对于经济部门来讲，增长方式更多的是要素投入驱动型，技术进步大多靠引进欧美的技术和设备，对于内生性科技创新要求较低。随着我国成为世界第二大经济体，产业部门越来越转向质量效率导向、技术驱动，企业对科技的需求前所未有，科技也必然要承担更为重要的角色。虽然我国距真正的科技强国尚有较大差距，但已经具备了比较好的科技发展基础。据统计，我国科技人力资源总量达10154.5万人，规模多年来保持世界第一，2020年我国研究与试验发展（R&D）经费投入总量达到24393.1亿元，R&D经费投入强度达到2.40%，R&D经费总量约为美国的54%，是日本的2.1倍，稳居世界第二。由此可见，解决科技与经济"两张皮"问题的核心在于，破解制约科技创新以及科技与经济有机结合的体制机制。在这方面，依托中试产业展开的高水平科技自立自强与开放型经济"互促共融"的青白江区实践，提供了参考答案。

青白江区作为西部对外开放的排头兵和桥头堡，正处于把开放优势转化为产业优势的关键阶段，必须抢抓国家级经济开发区、自贸试验区和成都国际陆港建设契机，深入推进科技创新，着力构建以先进制造业为骨干的现代化产业体系，为全面建设社会主义现代化国际化成都北部中心奠定坚实产业基础。为此，青白江区提出打造面向"一带一路"的国际中试产业基地，推动主导产业更加凸显，产业赋能更加有效，加快形成具有智能化、绿色化、融合化特征和符合完整性、先进性、安全性要求的现代化产业体系，为成都加快建设中国西部具有全球影响力和美誉度的社会主义现代化国际大都市贡献青白江区力量。打造面向"一带一路"的国际中试产业基地，加快建设文澜智谷、欧洲产业城和 340 科创园三大中试产业示范基地，强化中试产业区域协同创新。打造科技创新成果转化孵化样板，构建可持续发展的科技成果转化中试服务体系，推动硬核科技成果梯次转化和产业化应用。打造科创生态资源要素集聚地，强化人才、金融、财税、用地等要素服务保障。

以供应链集聚提升中试平台效能。青白江区全力推进产业建圈强链，大力发展国际供应链产业，在班列沿线分步建设一批物流中心、冷链基地、海外仓、营销展示服务中心等节点，打造"龙头牵引、多节点辐射"的国际物流服务体系。同时继续招引国际货代、供应链金融、电商平台、信息服务集成商入驻国际贸易产业园，建设"一站式、全链条"供应链集成服务创新中心，打造"一带一路"大宗商品集散中心，构建辐射西部的整车及零部件、冷链食品贸易中心及分拨基地，争取设立东盟（成都）国际贸易合作园区，探索发展离岸贸易、转口贸易，形成外贸新增长点。作为中试产业的先行者，青白江区目前已经建立三大中试平台，为"在推进科技创新和科技成果转化上同时发力"打下了坚实基础。特别是在文澜智谷引进了多名院士和中青年杰出专家，探索了"科学家＋企业家＋工程师"的中试发展体系，取得了系列重要成果，成为在全国有影响力的科技创新中心，"中试品牌"知名度和塑造力正在持续提升。

以通道网络延伸提升辐射广度。做强陆港枢纽，离不开通道网络拓展。一直以来，运营网络最优、运行效率最优、服务体验最优，是成都国际班列高质量发展的目标。自 2022 年下半年班列公司开通了北线公共班列后，只需提前提报发运计划，再根据发运时间提前订舱，十分方便快捷，彻底解决了中小企业无法包列发运的烦恼。作为四川自贸试验区的"主战场"，青白江自贸区以智慧赋能枢纽软实力。2023 年 3 月 29

日，一列满载 50 柜进口氯化钾的中欧班列运抵成都国际铁路港。值得注意的是，此趟班列从俄罗斯始发，是全国首列以通关一体化方式在内陆综合保税区完成货物报关、关税缴纳、实货放行的大宗商品专列，为进出口货物开展通关改革提供了新样本。

以数字化为牵引推动中试产业与开放型经济融合。 青白江区吸引头部企业入场，延伸创新链、供应链、创新链、价值链。攀成钢 340 科创园依托中试产业，不断提高钛合金产品附加值和科技含量。青白江区元宇宙数字文旅产业园，通过活化用好当地三线建设时期的工业遗存，依托线下主题场景与线上开放空间结合，打破时间与空间限制。

| 第三节 |

开放之势——建设面向 "一带一路" 的国际中试产业基地

四川省委十一届九次全会作出部署，明确要求推进设立跨高校院所新型中试研发平台。四川省第十二次党代会，提出要深入实施创新驱动战略，加快建设中试熟化平台，促进科技成果向现实生产力转化。

2022 年 8 月，成都市委、市政府出台了《关于做优做强中心城区、城市新区、郊区新城进一步完善城市功能的实施意见》，明确提出青白江区要打造面向"一带一路"的国际中试产业基地。同时，在成都市关于《支持成都国际铁路港经济技术开发区高水平开放的若干政策措施》中也明确提出了支持"建设'一带一路'中试产业基地"。《成都市"十四五"科技创新规划》提出了构建具有全国影响力的科技创新中心，成为"一带一路"科技创新枢纽的远景目标，并提出了建设创业孵化、技术转移、中试共享等平台的具体举措。

2024 年 6 月，中共成都市委十四届五次全体会议作出了《中共成都市委关于加快建设国际门户枢纽城市以高水平开放推动高质量发展的决定》，提出了高水平开放目标任务。力争到 2027 年，西部对外交往中心核心功能定位全面确立，内陆门户通达能力持续增强，外资外贸外经发展水平不断提高，世界文化名城美誉度显著提升，国际消费中心城市支撑功能基本完善，市场化法治化国际化营商环境保持国内一流水平，引领带动区域高质量发展的成效进一步显现，初步建成通道内畅外联、要素高效配置、经济活力充沛、对外交往密切、制度开放包容、区域协作共兴的国际门户枢纽城市；到 2035 年，具有国际竞争力和区域带动力的开放型经济体系更加健全，成为全国重要的对外交往中心，基本建成具有全球影响力的国际门户枢纽城市。

开放，是青白江区的城市基因，不断赋能高质量发展。截至 2023 年底，位于青白江区的成都国际铁路港，联通境外城市百余个，国际"朋友圈"不断扩容。"首创中欧班列跨省域共商共建合作机制"入选全面深化服务贸易创新发展试点第四批"最佳实践案例"，改革创新不断突破，国际贸易不断增长。青白江区委十二届七次全会审议通过《关于坚定不移推进高水平对外开放在构筑向西开放战略高地和参与国际竞争新基地中走在前列的决定》，提出以"开放立区"为战略牵引，全面系统推进更大范围、更宽领域、更深层次的对外开放。青白江区委十二届八次全会审议通过《关于高标准建设国际铁路枢纽以更高站位更实举措推进高质量发展的决定》，提出坚定不移把枢纽建设作为立区"第一要务"，以大开放促进大开发，以枢纽建设引领开放发展，以更高水平开放促进更高质量发展。

可以说，青白江区建设面向"一带一路"国际中试产业基地的过程，在产业角度（中试产业）与国家、省市科技创新相关背景高度契合，在开放角度（面向"一带一路"）与国际循环高度关联。在"开放之势"与"科创之魂"的互动互促中，共同绘就面向"一带一路"的国际中试产业基地的蓝图。

专栏5-7　青白江区中试产业基地的多重功能

一是产生"工业放大"的质变效应。实验室科研成果经过放大、检测、跟踪与改进等多个中试环节，可以确保其性质稳定成熟，真正转化为可供产业应用的技术成果。

二是检测市场接受度的"模拟示范空间"。中试产业基地是最大化模拟实际技术生产、商业推广、检测市场接受度、分析后期市场效应的重要示范空间。

三是企业战略决策的"辅助器"和"风向标"。中试环节的实验模拟参数、产业化可行性参数、技术经济指标、成本收益率、投资占比率、市场接受率、市场竞争率等因素，是企业研发和投产等重大性、前瞻性战略决策的重要依据，很大程度上可以视为企业战略决策"辅助器"和"风向标"。

1. 开放通道　"拓新"

通道建设是推进高水平对外开放的重要抓手。青白江区将加快打造"中欧班列＋西部陆海新通道班列"集结中心，推动西部陆海新通道班列与中欧班列有机衔接，织密中欧班列运营网络，构建"通道＋枢纽＋网络"的现代物流运行体系。开放通道是青白江区中试产业外向延伸的基础设施网络，是建设面向"一带一路"国际中试产业基地的重要依托。在与"一带一路"、长江经济带、西部陆海新通道建设的联动发展中，通道拓宽将为青白江区中试产业实现全球影响力提供持续动能。

在"五个方向"的通道延展中，实现了青白江区中试产业功能进位。一是西向的中欧班列，积极推进中欧互认标志品牌出海工程，打造"青白江中试"国际品牌。二是北向的中蒙俄经济走廊，抓紧突破蓉满俄国际物流双通道建设短板，以生产制造等中试产业后端环节为重点，推动制成品有效出口。三是东向的沿江综合立体交通走廊，与老工业基地的重庆、长江中下游城市群，以及面向太平洋的国际开放通道联动，实现面向制造业腹地的中试产业拓面升级。四是南向的西部陆海新通道，在提升成都始发运能运力进程中，面向东南亚等与自身发展存在"代差"的经济体，将中试产业的高位势能转化为发展动能。五是空中通过航空物流大通道，依托成都至欧洲、北美、南亚全货运航线，发展小批量、高附加值、快速响应的小试中试业务。

在信息高速公路新型通道中，发挥"中试产业＋数字化"的结合优势，以大数据和算力释放中试产业生产力、伴随数字新基建，以阿里巴巴西部数字信息枢纽落地成都为标志，成都逐步汇聚起算力、节点、信息高速通道在内的信息资源。成都作为国家八大通信枢纽之一，国家互联网骨干直连点网间带宽位列全国第五；三大电信运营商的骨干网络节点均设置在成都，为大数据中心建设提供良好网络支撑。通过促进高价值专利应用，建立面向"一带一路"沿线国家和地区的转移项目信息数据库，推动科技成果跨区域、跨国界转移。

专栏5-8　成都提质建设立体全面开放通道的愿景

1. 高水平打造国际航空枢纽。加快恢复欧洲、北美等重要国际（地区）航线，稳步拓展非洲、中亚、南亚等新兴市场和发展中国家航线，加密重要航点航班频次，加快发展国际通程航班、出入境旅游包机直航等业务。完善"客货并举"发展机制，大力培育航空枢纽超级承运人，争取设立基地货运航司，加快构建"空中丝绸之路"网络。加快实施双流国际机场提质改造，深化"两场一体"协同高效运营，支持国家临空经济示范区建设。

2. 高标准建设国际铁路枢纽。高标准建设亚蓉欧开放大通道，建立起"8大方向、20条国际干线、若干分支线路"的国际多式联运网络，深度融入中欧班列南通道发展行动计划，加快贯通西部陆海新通道西线通道，积极推进成渝铁路成隆段扩能改造，全力保障川藏铁路、川青铁路建设。以推动中欧班列提质增量为引领，全面增强"中欧班列＋西部陆海新通道"成都集结中心功能，持续拓展"蓉欧速达"班列新线路、新站点，联动开行西部陆海新通道班列，做强中老泰马、澜湄蓉欧等特色快线品牌，稳定运行长江班列，积极开通至粤港澳大湾区铁路班列，加快布局建设省内"一港多站"组货基地，争取开行国际旅游班列。探索与"一带一路"沿线城市以市场化方式合作共建物流集散基地。

3. 建强国家物流枢纽功能。高质量建设陆港型、空港型国家物流枢纽，积极争创商贸服务型、生产服务型国家物流枢纽，高水平运营国家骨干冷链物流基地，深入推进国家综合货运枢纽补链强链，深化"交商邮供"融合发展试点，加快全国供应链创新与应用示范城市建设。深入实施国家多式联运示范工程，拓展多式联运"一单制""一箱制"应用，积极发展"海运＋冷链班列"海铁联运模式，完善多式联运前置货仓布局，支持建设国际公路货运中心，推进重庆果园港、成都龙泉公路港协同共建内陆无水港，推进大宗货物运输"公转铁""公转水"，促进社会物流降本提质增效。优化物流组织运营模式，深化车边直提、抵港直装等试点，支持实施出口拼箱货物"先查验后装运"、进境种苗"附条件提离"等监管模式，加快推动智慧空港、智慧陆港建设，提升"枢纽对枢纽""门到门"供应链服务水平。深化低空空域协同管理改革试点，鼓励发展无人机同城即送、跨城急送等低空物流新模式，推动常态化开行低空物流商业航线。鼓励现代物流供应链企业深度嵌入电子信息、生物医药、智能制造等重点产业，促进物流产业与适空适铁产业双向赋能。

4. 积极参与"数字丝绸之路"建设。加快打造"一带一路"重要信息通信节点、数据中心和国际信息港，争取布局建设国家新型互联网交换中心，着力提升国际性区域通信网络性能水平。完善全国一体化算力网络成渝国家枢纽节点功能，做强国家超级计算成都中心、成都智算中心，布局建设高能级算力调度中心，加快建设国家新一代人工智能公共算力开放创新平台。

开放通道拓新，最根本在于依托青白江区口岸枢纽优势持续迭代开放通道形态。与对外开放空间格局的重塑相呼应，从物流中转型、运输型的枢纽转变成为资源配置型的枢纽，从而打开中试产业的发展空间。物流中转型枢纽侧重交通运输、仓储物流等"流动性环节"，在进出口贸易、转口贸易中获得价值链末端环节，在中试产业中表现为"大进大出""初级试验"。加工贸易型枢纽通过开展保税贸易精深加工、代工代建、金融结算，将更多附加值留在本地，在中试产业中表现为向价值链上下游环节拓展，即"科技创新、人才培养、小试中试、产业孵化、生产制造"。开放通道继续拓新，就是要变成"资源配置型"枢纽，除了有形的物流货流，更侧重将流动的要素集成起来，发展更高层次的经济形态，如总部经济、平台建设、高端研发、金融中心等，通过生成新业态，催生出新的发展方式实现"高端资源运筹力"。

2. 开放平台 "提质"

平台建设是推进高水平对外开放的基础。青白江区将推动开放平台协同发展，优化提升开放口岸能级。同时，将做优做强开放型产业体系支撑，建设临港生产性、生活性服务业集聚区，打造适欧适铁先进制造业基地。开放平台是内陆经济深度融入国际经济体系的直通车，对中试产业而言既是对外部市场获得了制度性准入能力，也是自身标准、规则方面与"一带一路"等海外市场的有效接轨过程。

一是在高层级开放合作项目中赋能中试产业宽广舞台。依托中日（成都）城市建设和现代服务业开放合作示范项目，围绕正在建设的药物供应链服务中心、先进医疗服务中心，将中试技术链有机嵌入产业生态链；围绕推进中新战略性互联互通示范项目，探索基于供应链的跨境中试服务，并叠加生成更多新的场景。建立中试产业本地化场景应用体系。在中试研发过程中，充分引导区域内智能制造、设备加工、原材料供应企业参与中试产业链建设，加强国有企业与民营企业在产业链、供应链和创新链上的深度合作，为中试设备制造、中试过程原材料供应等提供支持，形成产业链闭环，反哺本土制造企业发展。中试研发产品可根据本地实际需求，优先投放本土相关企业试用验证，并以成果鉴定与相关专家评估为依据增大本地原创成果在本地重大项目、政府采购中参与比例，加快成果就地转化落地速度，促进产业快速健康发展。

二是在打造高端创新资源承载地中提升中试产业能级。围绕西部科学城（成都）"一城多园"模式，探索中试产业的"飞地经济""一区多园"；用好成都已有的中德、中法、中瑞（士）、中意、中韩等国际合作园区，推动青白江区中试产业的园区化入驻。建立中试合作机制，推动中试参与各方共同进行成果的中间放大实验，实现优势互补、风险共担、成果共享、合作共赢。建立中试合作规则，规范中试合作合同，在中试内容、责任、义务、技术归属等方面明确合作各方权利、职责，根据科技成果转化的规律，建立市场化的中试利益分配机制，按照中试合同约定分配中试成果产权，推动中试合作有序开展。

三是在成都技术进出口中实现中试产业逐步嵌入。2023 年，成都全年登记技术合同成交额超 1614.2 亿元。中试产业本身具有技术转移、技术贸易属性，对接天府国际技术转移中心，有助于推动自身发展。按照统一的标准和规范，建立中试资源在线服务平台，公开中试资源的使用办法和使用情况，实时提供在线服务。建立完善的运行和开放情况的记录，并向社会发布中试资源开放制度及实施情况，公布中试资源分布、利用和开放共享情况等信息，逐步形成跨区域、跨行业、跨单位、多层次的中试网络服务体系。当下，中国已成为产业技术创新大国、高技术产品出口大国和研发净出口国，已初步具备了大量出口和进口技术密集型商品的"技术换技术"条件，这种贸易模式可以促使我国与各国在技术和产品方面相互合作与加持。事实上，愈是复杂技术产品，各国之间技术分工愈细，技术合作共同发展的机会就愈多。近几十年，我国中等技术制造业贸易结构相对稳定，出口与进口份额差距较小，高技术制造业的进口与出口份额差别最小。这表明我国高技术产业和中等技术产业是典型的产业内水平分工，即各方使用自身具有优势的技术进行合作生产的结果，也是中试产业逐步嵌入的背后依托。

四是依托成都国际铁路港、综合保税区等开放型经济平台，链接 SEPP 中欧跨国采购平台，大力发展供应链物流、保税物流、电商物流等专业物流。积极探索供应链管理、跨境直购和保税备货、"互联网 + 外贸"等新模式新业态，优化配置生产制造资源，形成高效协同、弹性安全的产业链供应链协同网络，推动原材料、零部件等实现需求、库存和物流信息的实时共享。

专栏5-9　成都加快建设开放平台构建开放型经济体系的思路

　　1. 加强科技创新开放合作。加快布局建设世界一流的重大科技基础设施集群，协同打造"一带一路"科技创新合作区，加快建设"一带一路"联合实验室。支持境外知名企业、高校在蓉设立研发机构，鼓励本土企业建立离岸创新基地，鼓励各类创新主体积极参与、探索发起国际大科学计划和大科学工程，推动国际科技组织总部在蓉落地，探索打造国际科技组织集聚区。构建完善全过程、全链条、全要素的国际技术转移体系，依托天府国际技术转移中心、国家技术转移西南中心等共建"一带一路"国际技术转移中心，加快建设西部中试中心，探索建立常态化技术转移协同机制。积极承办"一带一路"科技交流大会，提升成都国际创新创业大赛能级。深入实施"蓉漂计划"，采取

"全职＋柔性"方式面向全球引进顶尖人才。鼓励在蓉高校与境外知名院校联合培养高层次人才，支持企业引育国际物流、跨境电商、涉外法务等领域专业人才，完善高技能人才培养评价体系，加快集聚各类国际高端人才和创新创业团队。

2. 全面提升产业建圈强链开放水平。落实全面取消制造业领域外资准入限制措施要求，推动高端芯片、新型显示、智能网联汽车、卫星互联网、创新药等重点产业提升全球配置资源水平，加快打造电子信息、高端能源装备、软件和信息服务等世界级先进制造业集群。深入实施服务业扩大开放综合试点，推进电信、医疗、文化、教育等领域扩大开放，深化先进制造业和现代服务业融合发展，健全数据交易流通机制。深化农业开放合作，加快国家级农业国际贸易高质量发展基地、省级农业对外开放合作试验区建设，持续扩大本地特色农产品出口规模，丰富拓展特色水果、乳制品、肉类、海鲜等进口品类。稳妥推进金融高水平开放，加快建设"一带一路"金融服务中心，大力引进银行、证券、保险等外资金融机构，稳步推进合格境外有限合伙人（QFLP）、外债便利化等试点，鼓励企业在跨境业务中使用人民币计价结算。支持符合条件的金融机构依法开展跨境贷款、跨境发行债券、跨境投资并购、跨境证券投资等金融服务，支持打造"蓉贸通"供应链金融服务平台。

3. 鼓励引导企业"走出去"。加快培育具有全球资源要素配置能力的跨国公司，完善"蓉欧产业对话"等企业对接合作机制，支持链主企业牵头组建全球协同创新联合体和稳定配套联合体，支持有实力的企业通过海外上市、境外直接投资、技术合作等方式加快全球布局，鼓励企业参加高品质国际性展会拓宽经贸合作。完善对外投资服务促进体系，建强成都对外开放合作促进中心，实施"开放成都"合作伙伴计划，鼓励"走出去"企业联合成立境外商会和投资服务联盟。搭建"蓉易出海"公共服务平台，强化资质和项目审批、风险预警、资本对接、事后管理等对外投资合作综合服务保障，引导企业提升环境、社会和治理（ESG）能力，增强企业海外合规建设意识，依法维护"走出去"企业合法权益。

3. 开放环境 "赋能"

从开放型经济发展的内在逻辑看，青白江区中试产业还需要开放环境的持续赋能。国际规则可以提供一套现成的，能够较为便利地模仿、借鉴的，反映市场经济规律的管理体制，是加快实现制度型开放的重要途径，也是青白江区中试产业在面向"一带一路"过程中的重要抓手。

为此，要瞄准"一带一路"沿线国家和地区创新型前沿技术，策划一批"引进来"重点项目（产品），推动国际前沿成果在青白江区内实现规模化应用和产业化发展。发挥青白江区在新型材料、装备制造、智能家电等适铁适欧出口型加工制造优势，加强同"一带一路"联合实验室、国际科技园区对接合作，策划一批"走出去"重点项目（产品），促进青白江区内具有优势的技术、产品在海外实现产业转化。

一是营造开放型营商环境，强化制度型开放实践支撑。健全和完善国内市场体系，加快构建全国统一大市场。通过建设高标准国内市场体系，纠正要素市场上的种种制约和扭曲，为各类企业创造平等的竞争环境，提升资源配置效率。依托我国超大规模市场优势，通过更深层次改革，增强国内大循环的内生动力和可靠性，形成制度型开放良性循环。

二是聚焦自贸试验区"试验田"功能，提升制度型开放供给水平。发达国家主导下的国际经贸规则呈现出高标准、高排他性、碎片化的趋势。对此，要发挥我国22个自贸试验区的平台和载体作用，对接高水平国际经贸制度体系，开展更高水平的开放压力测试。借助自贸区，探索制度型开放的新路径、新模式，把握好开放和安全的关系，在创设全球新技术和新经济领域规则的过程中争取主动权，为世界提供制度型开放的"中国方案"。

三是构建多层次合作渠道，形成全方位国际合作机制。深度参与全球产业分工和合作，打造国际经贸合作新空间。积极融入世界经济体系，为我国参与国际经贸规则制定积累有利条件。加强与"一带一路"沿线国家和地区的制度和规则对接，释放制度型开放红利。充分利用国内国际两个市场、两种资源，借助高水平开放与高质量发展的相互促进，实现国际市场与国内市场融合发展。

专栏5-10 成都深入推进高水平制度型开放、建设开放环境的展望

1. 深度对接国际经贸规则。在自由贸易试验区研究对接区域全面经济伙伴关系协定（RCEP）等国际高标准经贸规则，推动构建与高水平制度型开放相衔接的制度体系和管理模式。鼓励企业参与数字经济、低空经济、人工智能等领域标准制定和修订，推进标准化国际合作交流。积极参与国家产品碳足迹管理体系建设，参与推进水电能源等碳足迹国际衔接互认，鼓励开展温室气体自愿减排交易。

2. 建强制度型开放载体。深入落实自由贸易试验区提升战略，探索外籍人才引进和管理服务、特殊物品出入境、跨境资金流动、准入许可等环节制度性创新，探索放宽跨境交付、境外消费、自然人移动等模式下的服务贸易市场准入限制。增强自由贸易试验区容错纠错功能，推动更多开放改革事项在自由贸易试验区内先行开展压力测试和风险测试。优化完善自由贸易试验区管理，积极参与川渝自由贸易试验区协同开放示范区建设，力争更多区域进入省级协同改革先行区。深化"关地协同"监管模式，推动设立天府国际空港综合保税区，支持航空、铁路口岸申报更多海关指定监管场地，探索推行"区港一体化"模式，打造国际货物大通关基地。

3. 加强涉外法律服务。深化执法司法国际合作，建立涉外商事诉讼、调解、仲裁"一站式"纠纷解决机制，加快打造成都国际仲裁中心，探索引入国际国内知名仲裁员。深化天府中央法务区建设，强化成都国际商事法庭功能，大力引进培育一批涉外法律、咨询等服务机构。强化公平竞争审查，加强反不正当竞争执法，严格规范末端执法行为。健全诚信建设长效机制，强化守信激励和失信惩戒。建强中国（成都）知识产权保护中心，健全知识产权司法保护、行政保护、仲裁调解、行业自律等协同机制，深化"一带一路"国家和地区知识产权保护合作，推进知识产权"一门式"纠纷解决。加强海外领事保护宣传工作，稳妥处置海外领事保护与协助案（事）件。

4. 营造一流营商环境。完善涉外企业全生命周期服务体系，拓展"蓉易＋"涉外服务功能，优化12345亲清在线国际化服务，推进涉外业务"一件事一次办"。提质打造外事服务电子平台，完善海外人才出入境和停居留配套服务措施，推动外国人来华邀请、领事认证等外事服务工作标准化、便利化。探索境外人才执业、职称评审便利化改革，持续更新成都市境外执业资格证书认可清单，参与推动会计、咨询、设计等专业服务国际资格互认。

总体思路上，包括从货物贸易自由化便利化、服务贸易自由化便利化、数字贸易自由化便利化、投资自由化便利化四大领域对接高标准国际经贸规则。具体来说，就是从发展中试产业的角度，对标《全面与进步跨太平洋伙伴关系协定》《区域全面经济伙伴关系协定》《数字经济伙伴关系协定》等国际高标准经贸规则，不断推动中试产业与"一带一路"沿线国家和地区等海外市场有效接轨。在这个意义上，开放环境赋能中试产业的过程，也是开放型经济与外向型经济的差别所在。

外向型经济以国际市场需求为导向，而开放型经济更多地侧重于进出口平衡的双向开放，不只是以国际外循环为主体，而是希望在国内国际双循环相互促进中倒逼和提升自身的产业能级和发展水平。外向型经济侧重"单向对外的商品出口"，而开放型经济强调制度性开放，也就是主动对接国际标准、规则，实现主动开放和率先开放。外向型经济倾向于"以部分优势区域和领域为主导"，如中国改革开放上半场"东部沿海率先发展"，在开放型经济中强调是"全方位的体系型开放"。

在这个进程中，以成都为代表的内陆地区，就面临着从传统的内陆腹地走向开放前沿的历史机遇。面向未来，围绕科技成果转化、企业自主创新和军民融合科技协同创新，青白江区将逐步形成面向"一带一路"的全链条中试产业生态体系，构建起以技术转移、中试验证、推广应用为核心的中试产业集群，形成"政、产、学、研、金、服、用"相融共生的中试产业发展新格局，形成研发、中试、产业三要素循环促进、螺旋上升的经济发展结构体系，助力成都市建成具有全国影响力的科技创新中心。

| 参考文献 |

［1］习近平. 习近平著作选读（第一卷）［M］. 人民出版社，2023.

［2］习近平. 习近平著作选读（第二卷）［M］. 人民出版社，2023.

［3］中共中央党史和文献研究院. 习近平新时代中国特色社会主义思想专题摘编［M］. 中央文献出版社，党建读物出版社，2023.

［4］陈德第，李轴，库桂生. 国防经济大辞典［M］. 军事科学出版社，2001.

［5］约瑟夫·熊彼特. 经济发展理论［M］. 华夏出版社，2015.

［6］习近平. 深入实施新时代人才强国战略　加快建设世界重要人才中心和创新高地［J］. 先锋，2021，（12）：5－11.

［7］习近平. 高举中国特色社会主义伟大旗帜　为全面建设社会主义现代化国家而团结奋斗［N］. 人民日报，2022－10－26（001）.

［8］习近平. 加强基础研究实现高水平科技自立自强［J］. 中国新闻发布（实务版），2023，（08）：3－6.

［9］把高质量发展的要求贯穿新型工业化全过程［N］. 人民邮电，2023－09－26（001）.

［10］池勇. 成都市青白江区：打造面向"一带一路"的中试产业基地［N］. 学习时报，2022－10－14（008）.

［11］申轶男. 我国中试基地发展现状及政策建议［J］. 科技与创新，2018（08）：11－14.

［12］胡希捷，朱军，赵旭峰. 以重大工程夯实现代化强国基础［J］. 工程研究——跨学科视野中的工程，2018，10（04）：343－347.

［13］张高明，张善从. 基于全过程的高校科技成果转化能力研究

[J]. 科技管理研究，2020，40（23）：92－99.

[14] 吴鹏飞，林筠. 实验室验证对技术转移影响研究：双元学习视角 [J]. 科研管理，2022，43（03）：164－172.

[15] 夏保华，王滨. 中间试验的历史发展 [J]. 科学技术与辩证法，1997，（04）：34－38.

[16] 范文博. 中试产业生态基地体系建构的理论、经验启示及成都路径 [J]. 决策咨询，2023，（04）：19－23.

[17] 黄宁燕，孙玉明. 从 MP3 案例看德国弗劳恩霍夫协会技术创新机制 [J]. 中国科技论坛，2018，（09）：181－188.

[18] 陈雨晗，马雪荣. 弗劳恩霍夫模式对江苏构建高质量技术转移体系的启示 [J]. 江苏科技信息，2021，38（31）：4－7.

[19] 蒲清平，黄媛媛. 习近平总书记关于新质生产力重要论述的生成逻辑、理论创新与时代价值 [J]. 西南大学学报（社会科学版），2023，49（06）：1－11.

[20] 严潮斌. 产业创新：提升产业竞争力的战略选择 [J]. 北京邮电大学学报（社会科学版），1999，（03）：6－10.

[21] 陆国庆. 产业创新：超越传统企业创新理论的新范式 [J]. 产业经济研究，2002，（01）：46－51.

[22] 郭名勇. 新发展格局下专业孵化器建设的逻辑体系 [J]. 科技创业月刊，2023，36（05）：37－41.

[23] 陈强远，张醒，施贞怀. 理解中国科技创新政策：高质量发展的视角 [J]. 经济学家，2024，（01）：89－98.

[24] 冯小波. 完善四川科技创新创业人才政策体系研究 [J]. 四川行政学院学报，2016，（04）：31－33.

[25] 罗睿南，谢燮. 中欧班列的发展现状及趋势展望 [J]. 中国物流与采购，2018，（22）：32－33. DOI：10.16079/j. cnki. issn1671－6663.2018.22.014.

［26］黄恒学，史大宁，冯向阳．政府服务企业方式变革与创新研究［J］．行政管理改革，2021，（02）：28－34．

［27］解希玮．产业协同、服务贸易开放与全球价值链分工［J］．求索，2023，（05）：184－195．

［28］胡哲力，周剑明，顾乃华．国际间市场可达性对制造业技术创新的影响——基于中欧班列的证据［J］．南方经济，2023，（11）：142－160．

［29］段朋飞，李曦辉．"一带一路"倡议与中国产业链水平提升［J］．区域经济评论，2023，（04）：154－160．

［30］李芷巍，李学民．论国家物流枢纽中"生产服务型"的价值与生命力［J］．供应链管理，2023，4（02）：48－63．

［31］刘晓宁，宣亚丽．我国推进制度型开放的现实背景、重点领域与策略选择［J］．理论学刊，2023，（05）：109－118．

［32］周小川．自贸试验区引领走向开放型经济并推动思维转变［J］．中国外汇，2023，（15）：6－9．

［33］池勇．新形势下老工业基地转型发展研究［D］．西南交通大学，2018．

［34］Freeman C. Industrial innovation：the key to success？ ［J］．*Electronics and Power*，1971，17（8）：297－297．

［35］Joseph A. Schumpeter. The Creative Response in Economic History［J］．*The Journal of Economic History*，1947（2）．

［36］Malerba Franco. Demand structure and technological change：The case of the European semiconductor industry［J］．*Research Policy*，1985（5）．

| 后　记|

　　春华秋实，玉汝于成。撰写一本专著本属不易，尤其是本书所聚焦的新生事物"中试产业"主题，因当前还处在探索期，可借鉴资料少，撰写难度较大。为回应上述难点，本书形成了实践导向的撰写思路，立足青白江区发展中试产业的生动实践，构建"梳理实践成果－提炼理论框架－形成实践指引"的分析路径，尝试在时代背景和区域实践中对此话题作出回答，以期完整呈现青白江区推进中试产业的生成逻辑和实践机理。2022 年 6 月，习近平总书记在四川考察时强调，要"在各领域积极培育高精尖特企业，打造更多'隐形冠军'，形成科技创新体集群"，这为青白江区科技创新指明了努力方向，提供了根本遵循。撰写团队中在青白江区工作最久者已近二十载，对这片老工业基地感情深厚。在青白江区探索以中试产业推进老工业基地"二次振兴"实践中，撰写团队决心立足自身职能职责，在学理话语、政策话语、实践话语的互动中，为这座城市的华丽转身留下印记，为"科技＋产业"的最新探索作出注脚，这也正是本书的由来。

　　朝斯夕斯，念兹在兹。牢记习近平总书记殷殷嘱托，结合《四川省人民政府关于进一步支持科技创新的若干政策》《四川省中试研发平台建设实施方案》《成都市"十四五"科技创新规划》，青白江区于 2022 年在全国首次提出打造面向"一带一路"的国际中试产业基地，推动工业"二次振兴"的整体部署，由此开启了中试产业"从无到有"系列探索，也让我们萌生了记录本地科技创新实践的最初想法。2023 年 7 月，习近平总书记来川视察，着眼国家战略全局和四川省情实际，作出"在推进科技创新和科技成果转化上同时发力""着力打造西部地区创新高地"等重要指示，让我们备受鼓舞。2024 年 3 月，青白江区委提出"坚定不移把科技创新和科技成果转化作为发展'第一动力'，要求推动更多科技成果在地转化和产业化，形成现实生产力"，开启了"科创＋产业"新的实践，为撰写团队提供了难得的机遇，本书即是伴随着上述火热实践而形成的追踪式的初步成果。

念念不忘，必有回响。2024 年 7 月，党的二十届三中全会通过的《中共中央关于进一步全面深化改革、推进中国式现代化的决定》明确提出了"加快布局建设一批概念验证、中试验证平台"，让我们倍增信心。本书以青白江区推动中试产业理论和实践为对象，以"科技＋产业"的交融渗透为切入点，以期构建中试产业的理论分析框架和实践指引，从而为先进制造业"提质"、生产性服务业"赋能"、开放型经济"强基"提供另一视角的参照。希望在展现区域高质量发展实践探索的同时，又能为其他地区在优化科技体制机制、培育和发展新质生产力方面提供可借鉴、可推广的经验启示。同时，本书初稿形成后密切跟进党的二十届三中全会"深化科技体制改革"的部署和要求，进一步系统梳理了青白江区中试产业的实践内涵，期待为"提升国家创新体系整体效能"提交一份来自地方的探索答卷。

桃李不言，下自成蹊。本书由中共成都市青白江区委党校编写组集体撰写。其中第一章第一节、第二节由张王豆撰写；第二章由王仙撰写；第三章由张志林撰写；第四章第一节、第二节由徐苗撰写，第三节由张王豆撰写，第四节由青白江区审批和营商环境局杨天金撰写；第五章由庞红英撰写；第一章第三节由本书编写组共同撰写完成。为掌握第一手数据资料，深入了解实际情况，撰写团队在撰写期间走访调研了大量中试企业、园区和相关部门，也听取吸收了学界、业界的大量建议，反复增删修改二十余稿，最终形成了这本《中试产业－－创新策源的青白江实践与探索》。尽管在初稿和定稿阶段先后获得各级领导、专家学者等对本书的肯定，但付梓之际仍诚惶诚恐，还请读者不吝赐教。

撰写期间，中共成都市青白江区委党校牵头召开了以"创新引领开放赋能"为主题的专家论证会，中共四川省委党校李翔宇、西南交通大学戴宾、中共四川省委党校杨志远、成都市社科联李好、成都市委党校常晓鸣等专家到会指导，为书稿的修改完善提供了专业意见。各位专家毫无保留的真诚指导，是"中试产业"这个新生事物能够成书的关键密码。

感谢四川省社会科学院研究员盛毅百忙中为本书作序，为广大读者提供了"阅读指南"。感谢中共四川省委党校教授杨志远全程对书稿的撰写提供悉心指导，并为本书撰写了高质量书评，充分肯定了本书的学术价值和实践价值。同时，他还多次实地调研、现场指导，帮助撰写团队详尽梳理和阐述了青白江区推进中试产业的初衷、优势基础、具体实践、未来打算等，为后续撰写工作奠定了坚实的基础。感谢中共重庆市委党校副教授伏虎在书稿的后期修改完善中提供了深入指导，特别是对理论部分的深度拓展，极大地提升了本书的思想深度、学理厚度。同时，还要感谢成都市社科联周灵为本书撰写书评，感谢四川人民出版社为本书出版提供的宝贵建议。

在撰写过程中，本书编写组得到了青白江区经信局、区科技局、高管委的大力支持和指导，还得到了青白江区委组织部、区委政研室、区发改局、区审批和营商环境局、区投促经合局、港管委、区欧管委等部门，以及成都青港现代产业投资有限公司、成都玉龙化工有限公司、成都先进金属材料产业技术研究院、四川金汇能新材料股份有限公司、重汽集团成都王牌商用车有限公司、成都鼎泰新材料有限责任公司、TCL光电科技（成都）有限公司、成都瑞奇智造科技股份有限公司、航天赛博产业技术研究院、玉湖冷链食品（成都）有限公司、成都积微物联集团股份有限公司等企业的全力配合。在此，对于有关部门和企业的大力支持，我们表示诚挚的感谢。

中试产业理论研究的道路漫长，实践发展的征程艰巨。中试产业发展需要一次又一次的理论和实践探索，本书尽力对此进行尝试。囿于理

论水平和实践经验的局限，书中难免存在疏漏和不足，敬请广大读者提
出宝贵意见。

本书编写组
2024 年 7 月